노동자의
이름으로 열어가는
혁명적 페미니즘

오연홍 엮음,
김요한, 양동민, 양준석,
오연홍, 전해성 옮김

빵과 장미의 도전

숨쉬는
책공장

일러두기

1. 맞춤법과 외래어 표기법은 국립국어원 규정을 따랐으나, 국내에 굳어진 표현은 예외를 두었다.
2. 원문에 실린 각주는 미주로 처리했다.
3. 이해를 돕기 위해 옮긴이가 추가한 내용은 [   ]로, 중략은 (…)로 표시했다.
4. 단행본·잡지 등은 《   》로, 선언문·단편 등은 〈   〉혹은 " "로 묶었다.

노동자의
이름으로 열어가는
혁명적 페미니즘

오연홍 엮음
김요한, 양동민, 양준석,
오연홍, 전해성 옮김

빵과장미의 도전

숨쉬는
책공장

차례

'빵과장미'를 소개하며

사회주의 여성단체 '빵과장미(Pan y Rosas)'는 새로운 종류의 페미니즘을 선언하며 탄생했다. 이들은 여성 CEO의 성공을 꿈꾸지 않는다. 피 말리는 노동시장에서 여성이 남성과 더 잘 '경쟁'할 수 있기를 바라지도 않는다. 세계 최고 부자들 명단에 남성과 여성의 숫자가 동등해도 고용 불안과 저임금, 다양한 성차별적 폭력에 시달리는 여성의 삶이 달라질 거라고 기대하지 않는다. 대통령·장관·기관장이 남성에서 여성으로 바뀌어도 다수 여성을 억누르고 쥐어짜는 이 체제의 본성은 바뀌지 않는다는 걸 숱하게 경험했다.

여성 살해와 임신중지권 박탈에 맞서 수많은 여성이 뛰쳐나온 거리 시위, 대량 해고와 직장 내 성희롱에 맞서 일으킨 파업, 공장점거, 노동자 자주 관리 운동의 현장에서 빵과장미는 탄생했다. 단결한 여성 노동자가 목소리를 내며 행진하는 곳에서 남성 동료 노동자도 함께 구호를 외치며 투쟁했다. 그렇게 빵과장미는 노동자계급의 이름으로 혁명

적 페미니즘의 길을 개척 중이다.

처음부터 모든 게 순탄했을 리 없다. 싸워야겠다고 결심한 여성 노동자들은 자본가와 그들의 정부에 대항하면서, 동시에 여성과 성 소수자를 향한 남성 노동자 다수의 편견에도 맞섰다. 여성 노동자의 꺾이지 않는 도전, 그리고 이들과 함께 전진하려는 일부 남성 노동자의 의지가 맞물리며 빵과장미는 성장했다. 2003년 아르헨티나에서 몇십 명으로 구성된 모임으로 시작한 빵과장미는 이제 수천 명의 회원과 지지자가 결집했고, 아르헨티나를 넘어 멕시코·스페인·프랑스·브라질·칠레·우루과이·볼리비아·미국·페루·독일·이탈리아·코스타리카·베네수엘라 등 14개 나라에서 활동하는 국제 네트워크로 폭을 넓혔다.

이런 활동과 성장 과정이 곧 빵과장미의 성격을 규정했다. 이들에게 가장 중요한 경계선은 생물학적 여성과 남성이 아닌 노동자와 자본가 사이에 그어져 있다. 촉망받는 여성 CEO가 600명의 여성과 남성 노동자를 하루아침에 실업자로 만들어버리는 현실을 경험한 이들에게 분리주의적 주장은 통하지 않는다. 그렇다고 '단결'을 앞세워 여성 노동자의 권리를 슬그머니 뒷전으로 밀어내는 노동운동의 남성중심주의 관행에 타협하지도 않는다. 여성과 성 소수자의 권리를 나중으로 제쳐놓으면서 노동자계급의 단결을 성취하기란 불가능하기 때문이다.

빵과장미는 사회주의 페미니즘을 지향한다. 여기서 말하는 사회주의 페미니즘이 이른바 이중체계론과 연관된 특정한 조류를 뜻하지는 않는다는 점을 미리 밝혀둔다. 이들은 "페미니스트가 아닌 사회주의자는 시각이 좁고, 사회주의자가 아닌 페미니스트에게는 전략이 결여돼 있다"는 1914년 루이스 니랜드(Louise Kneeland)의 진술을 채택한다. 여성 의제가 곧 노동자계급 의제이며, 여성 억압에 맞선 투쟁은 자본주의에 맞선 투쟁과 분리할 수 없다는 시각이 이들의 출발점이다.

이 책은 빵과장미의 다양한 투쟁 경험과 주장을 살펴볼 수 있는 글을 모아 단행본으로 엮은 것이다. 아르헨티나 빵과장미 활동가인 셀레스테 무리쇼와 진행한 인터뷰를 제외한 모든 글은 《일간 좌파La Izquierda Diario》, 《좌파 사상Ideas de Izquierda》, 《논쟁Contrapunto》에 발표되고 미국의 사회주의 매체 《레프트 보이스Left Voice》에 영어로 게재된 기사들이다.

1장 '투쟁의 최전선에서'는 빵과장미가 직접 참여한 투쟁 사례를 바탕으로, 이 단체가 어떻게 만들어지고 활동하며 성장해왔는지 조망해볼 수 있는 글로 구성했다. 첫 두 글은 빵과장미의 역사와 운동을 개괄한다는 점에서 성격이 비슷한데, 서로 다른 필자가 각자의 시각에서 강조하는 지점에 차이가 있으니 비교해서 읽어볼 만하다. 이어서 자유주의 페미니즘이나 분리주의 페미니즘과 명확히 구별되는 새로운 종류의 페미니즘이 어떻게 모습을 갖춰나갔는지 살펴볼 수 있는 펩시코 투쟁 사례, 기성 정치권에 매달리는 대신 광범한 거리 시위의 힘으로 임신중지권을 쟁취한 사례, 성 소수자가 동등한 권리를 누리며 직장에서 일할 수 있도록 노동자들이 함께 파업을 벌인 사례 등을 접할 수 있다.

2장 '멀리 내다보며 전진하기'는 빵과장미가 지향하는 정치 전망을 다룬다. 성장과 팽창의 시대를 지나 침체와 위기의 시대로 접어드는 내내 자본주의는 체제를 관리하기 위해 인종차별이나 애국주의 따위와 더불어 여성에 대한 가부장적 억압을 활용하며 노동자계급을 분열시켜 왔다. 이윤 창출에 모든 걸 종속시키는 자본주의가 그 배후에서 작동하고 있다는 얘기다. 이로부터 여성 억압에 맞선 투쟁은 무엇보다 자본주의라는 뿌리를 도려내기 위한 투쟁으로 나아가야 한다는 주장이 제기된다. 그런 투쟁이 정점에 다다른 사례로 1917년 러시아혁명의 성과를 다룬 글도 포함했다. '사회주의 역시 또 하나의 억압 체제에 불과한 게 아닌가?', '사회주의에서도 여성 억압은 사라지지 않았잖아.' 혁명의 용광로에서 솟아난 창조적인 결실과 그 이후 벌어진 스탈린 반혁명의 결과를 구별하지 않은 채 성급하게 이런 결론으로 건너뛰기보다는, 이 책에 실린 글의 안내를 받으며 실제로 무슨 일이 일어났는지 면밀하게 짚어보는 일은 비할 수 없이 유익하다.

3장 '여성해방의 전략을 위한 토론'에도 빵과장미의 정치 전망과 연결된 글을 모았는데, 주로 논쟁적인 방식으로 주제를 다룬다. 지난 몇 년간 두드러지게 성장한 흐름으로 '99%를 위한 페미니즘' 운동을 들 수 있다. 필자들은 '99%를 위한 페미니즘' 운동이 흔히 여성 파업과 결합하면서 노동자계급과 거리를 뒀던 그간의 페미니즘에서 진보하고 있다는 점을 긍정한다. 그러면서도 이 운동이 어떤 점에서 모호하거나 약점이 있는지 짚으면서 전진을 위한 방향을 탐색한다. 이와 더불어 사회적 재생산을 둘러싼 논의도 빼놓을 수 없다. 사회적 재생산 이론은 과거 마르크스주의가 명시적으로 발전시키지 않은 부분을 풍부하게 채워 간다는 점에서 많은 토론 과제를 안고 있는데, 그 과정에서 마르크스주의의 성과를 부당하게 왜곡하거나 잘못된 구실로 기각해버리는 모습도 나타난다. 필자들은 수잔 퍼거슨, 실비아 페데리치 등의 주장을 소개하며 논쟁적으로 문제의식을 전달한다. 이번 책에 포함하지는 못했지만 낸시 프레이저, 마리아 미스, 리즈 보걸 등 페미니즘 논쟁에서 자주 거론되는 이론가들의 주장을 다룬 글도 있다. 이후 기회가 닿는 대로 소개할 수 있기를 기대한다.

마지막 장에는 빵과장미의 국제 선언문을 실었다. 빵과장미는 여러 나라에서 활동하고 있고 나라마다 투쟁의 역사와 정치 환경이 다르다. 그래서 어디서는 여성 살해에 맞선 투쟁이 핵심 과제가 되고 어디서는 임신중지권을 위한 투쟁이 시급한 과제가 되는 등, 나라마다 활동의 강조점에 차이를 보인다. 이런 전술적 유연성과 더불어, 각 나라의 다양한 실천을 단일한 전략적 지향으로 묶어내기 위한 기준점으로서 국제 선언문이 자리매김하고 있다. 이 글에 포함된 모든 규정에 완전히 동의하지는 않더라도, 자본주의 체제에 적극적으로 동화되는 자유주의 페미니즘과 이 체제 문제를 비껴가는 분리주의 페미니즘을 넘어 자본주의에 도전하는 노동자계급의 혁명적 페미니즘을 모색하는 데 빵과장미의 주장은 중요한 디딤돌이 될 것이다.

'구조적 성차별은 없다'고 믿는 자가 통치하는 나라에 우리는 살고 있다. 이 나라의 성별 임금 격차는 OECD 평균의 두 배를 훌쩍 뛰어넘으며 만년 1위의 오명을 쓰고 있다. 코로나19 사태를 겪는 동안 당연한 것처럼 여성의 몫으로 떠넘겨지는 돌봄노동의 하중은 더 무거워졌고, 이는 고스란히 여성의 실업 위기로 이어졌다. 지하철역에서 일하는 여성 노동자가 스토킹 범죄에 목숨을 잃었다. 한 대학생은 교내에서 성폭행을 당하고 건물에서 추락사했다. 인력 충원 요구를 고집스럽게 거부하며 2인 1조 근무를 불가능하게 만드는 교통공사, 경비인력을 줄여가는 대학. '안전보다 이윤! 비용 절감!'이라는 자본의 논리가 모든 곳에 손을 뻗치고 있다. 자본주의에 맞서 싸우지 않으면서 가부장적 여성 억압에 맞설 수 없다는 빵과장미의 주장은 오늘날 한국에서 더없이 적절하다.

낡은 체제에 미련을 버리고 새로운 체제를 꿈꿔야 한다는 문제의식이 한국과 세계 곳곳에서 자라나고 있다. 기후정의 운동에서 자본주의 규탄 목소리가 두드러지게 확대된 것도 이를 표현한다. 이제는 집권세력에 반대한다면서 또 다른 자본가 정당에 의존하려 하거나, 성별 분리주의에 갇힌 기존의 페미니즘과는 다른 종류의 페미니즘이 절실하다. 빵과장미는 그런 전망이 시급할 뿐만 아니라, 충분히 가능하다는 사실을 보여주는 증거다.

1장

투쟁의
최전선에서

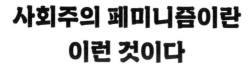

사회주의 페미니즘이란
이런 것이다

한 명의 성전환 여성이 회사에서 화장실을 이용할 권리를 누릴 수 있도록 다른 노동자들이 연대해 파업을 벌였다. 크라프트식품 노동자들은 동료 여성 노동자를 성적으로 괴롭힌 관리자에 맞서 파업했다. 2017년 3월 8일에는 국제 여성의 날을 기리기 위해 펩시코 공장 노동자, 교사, 공항 노동자들가 파업을 벌였다. 사회주의 페미니즘 단체인 빵과장미는 이 모든 투쟁에서 일정한 역할을 했다. 빵과장미는 아르헨티나에서 여성의 권리, 모든 노동자의 권리, 또 다른 유형의 억압에 맞서 노동자계급에 뿌리를 내리고 함께 움직이는 페미니즘 운동을 건설하는 데 기여했다.

빵과장미란 무엇인가?

✖ ✖ ✖

빵과장미는 아르헨티나에서 처음 만들어졌고 지금은 볼리비아·브라질·칠레·멕시코·스페인 등에서도 활동하는 사회주의 페미니즘 단체다. 우리는 이 고통스러운 자본주의 체제를 끝장내야만 전 세계 여성의 삶에 만연한 성차별도 끝장낼 수 있다는 확고한 신념을 기반으로 삼는다. 우리는 즉각적인 민주적 권리를 위해, 그리고 임신을 중지할 권리, 남성과 동등한 수준으로 생활임금을 받을 권리, 폭행과 강간 및 학대를 피할 수 있는 권리 등 여전히 누리지 못하고 있는 권리를 위해 투쟁한다.

그러나 자본주의에서 여성과 성 소수자가 진짜로 해방되는 것은 불가능하다는 사실도 아주 잘 알고 있다. 이에 우리는 사회주의혁명을 향해 나아가려 한다. 우리는 노동자계급이 혁명 주체라고 여긴다. 이들은 자본주의 체제 전체를 깨부술 수 있고, 자본주의의 잿더미 위에서 새로운 사회주의 사회를 건설할 수도 있다. 우리는 노동자계급이 페미니즘 운동과 단결하고, 흑인·원주민·성 소수자 등 또 다른 억압받는 사람들의 운동집단과 단결함으로써 무적의 세력이 될 수 있다고 여긴다.

빵과장미는 페미니즘 운동을 노동자계급과 연결하고 노동자계급의 요구를 채택하도록 밀어가면서, 아르헨티나의 광범한 페미니즘 운동 안에서 사회주의 진영을 형성하려 한다. 또한 우리는 네스토르 키르치네르 정부 같은 탈신자유주의 세력을 포함한 자본가 정당들을 통해서는 여성이 전진할 수 없다는 점을 페미니즘 운동 참가자들이 이해할 수 있도록 독려한다. [네스토르 키르치네르는 2003~2007년에, 크리스티나 페르난데스 데 키르치네르는 2007~2015년에 대통령으로 있으면서 신자유주의 정책에 반대했다. 아르헨티나 여성운동의 주류는 키르치네르 같은 페론주의 세력을 지지하는 입장에 머무르고 있다.] 키르치네르 세력이 정권을 쥔 채 세월이 흘렀지만, 아르헨티나인들은 여전히 임신중지권을 누리지 못한다. 브라질도 마찬가지로 거기에서는 노동자당이 집권하고 여러 해가 흘렀는데도 여전히 임신중지권이 보장되지 않는다.

2000년대 초까지 대체로 아르헨티나 좌파는 여성 쟁점에 대해 거의 입을 열지 않았다. 페미니즘적 토론이 열리는 곳은 대학에 국한됐고, 노동자와 좌파 단체들이 여성 쟁점을 진지하게, 또는 비중 있게 다루는 경우도 드물었다. 빵과장미는 여성 권리를 위해 투쟁하는 마르크스주의 정치를 명료하게 드러내려는 목표로 태어났다. 따로 동떨어진 여성운동을 옹호하기 위해서가 아니라, 솟구쳐 오르는 노동자투쟁의 흐름 속에서 여성 권리를 명확하게 표현하고자 빵과장미가 등장했다. 그와 동시에 빵과장미는 노동자계급의 혁명적 사회주의 전망을 움켜쥐고 여성운동에 복무한다.

그 첫걸음으로, 2001년 사회주의노동자당(PTS: Partidos de Trabajadores Socialistas)의 여성들이 '빵과 장미[Pan y Rosas]'라는 제목으로 사회주의 페미니즘에 관한 책을 썼다. 2001년은 대량 해고, 인플레이션, 정권의 동요가 이어지면서 피케테로스['피켓 든 사람들'이라는 뜻]라고 불린 실업자 운동이 일어날 조건이 형성된 시기였다. 그해 12월, 노동자와 중간계급 일부가 대규모 시위와 반란을 일으켰다. 사회주의노동자당의 투사들은 특히 브루크만 공장의 여성들에게서 영감을 얻었다. 브루크만은 2001년에 사장이 버리고 간 의류 공장인데, 그 뒤 대부분 여성이었던 노동자들이 그곳을 접수했다. 초기 몇 년간은 경찰이 끊임없이 이 노동자들을 쫓아내려 했다. 사회주의노동자당은 언제나 이 노동자들과 함께 최전선을 지켰고, "여기에 사장 없이 일하는 노동자들이 있다", "브루크만은 노동자의 것이다. 그게 싫다면, 엿이나 먹어라!" 같은 구호를 외쳤다.

2002년에는 사회주의노동자당 노동자들이 네우켄 지방의 세라믹 타일 공장인 사논을 접수하는 데 뛰어들었다. 그곳에서 그들은 여성 노동자와 이들의 배우자, 가족까지 조직하면서 공장 내 여성위원회를 만들었다. 브루크만과 사논은 2000년대 초 공장 접수 물결 중 일부였다. 노동자들은 공장 폐쇄를 받아들이기를 거부하면서 공장을 접수하고 생산을 시작했다. 재가동된 공장들을 위한 전국 집회가 열렸을 때부터, 개별로 찾아온 사람들과 더불어 여러 조직에서 온 여성들이 노동자계급 여성의 요구를 제기하면서 여성위원회에 참가했다.

2003년에는 빵과장미가 처음으로 전국여성대회에 참가했다. 이 대회는 30년 넘게 개최되면서 전국에서 여성과 페미니스트들을 불러 모았다. 당시 빵과장미 참가단은 고작 40명에 불과했다. 우리와 함께한

전국여성대회에 참석한 수천 명의 빵과장미 회원과 지지자.(사진_La Izquierda Diario)

여성들은 자유롭고 안전한 임신중지권을 요구했다. 2017년 10월에 열린 대회에서 빵과장미는 전국에서 모여든 4,000명의 여성과 성 소수자를 이끌고 참가했다.

빵과장미 이름은 1912년 미국 매사추세츠주 로런스에서 임금삭감에 맞서 투쟁한 여성들의 '빵과 장미 파업'에서 따왔다. 우리는 빵과 장미를 내건 요구가 강력하다는 것을 알고 있다. 우리는 임금을 올리고 노동시간을 줄이는 등 노동자로서 권리를 요구한다. 우리는 아이를 기를 권리, 임신중지권, 길거리에서 괴롭힘당하지 않을 권리 등 여성으로서도 권리를 요구한다. 우리는 예술을 즐기고, 여행하고, 가족이나 친구와 함께할 수 있는 여가를 요구한다. 우리는 충만하고 아름다운 삶을 살아갈 권리를 요구한다. 그것은 빵을 위한 권리이며, 또한 장미를 위한 권리다.

빵과장미는 사회주의노동자당의 투사들이 조직한 것이지만, 사회주의노동자당에 속하지 않은 사람들도 함께한다. 이것은 여성과 성 소수자의 단체다. 그러나 우리는 끊임없이 작업장과 대학의 남성 동지들과 단결하기 위해 노력한다. 우리는 터프[TERF: Trans-Exclusionary Radical Feminist. 트랜스젠더를 배척하는 래디컬 페미니즘] 경향을 거부하며, 트랜스젠더의 권리를 지지하고 함께 뭉친다.

빵과장미를 창립했을 때부터, 우리는 대학은 물론 노동자계급 속에 더 깊게 뿌리내리고자 했다. 우리는 노동자계급 속에서 여성의 권리, 성 소수자의 권리를 위해 사람들을 모으려고 한다. 그런 활동 중 몇 가지 사례를 소개한다.

노동자계급 속에서 활동하는 빵과장미

✕ ✕ ✕

빵과장미는 전국 곳곳의 공장과 작업장에서 여성위원회를 만들고자 한다. 이 여성위원회는 여성 노동자로 구성되며, 남성 노동자의 배우자나 어머니, 딸도 포함한다. 이런 유형의 위원회는 세계산업노동자연맹(IWW: Industrial Workers of the World)이 조직한 파업으로 거슬러 올라간다. 세계산업노동자연맹은 여성위원회 조직을 지원하면서 여성이 노동자투쟁에 참여하고, 정치활동에 관여하고, 노동자투쟁에 영향받은 다른 여성들과 연결될 수 있도록 돕는 역할을 했다. 이는 많은 여성이 혼자 또는 약간의 지원을 받으며 집안일을 하고 아이를 돌보느라 겪는 고립을 깨뜨리는 것이며, 가정 문제를 공동 영역으로 끌어내는 것이기도 하다. 가정에서 '여자가 할 일'이라는 것을 없애고 그런 일을 사회화된 방식으로 다룰 수 있는 공적 영역으로 끌어내려는 것이다.

아르헨티나에서 빵과장미는 몇몇 작업장에서 이뤄진 여성위원회 건설을 도왔다. 크라프트 공장 사례를 보면, 한 여성 노동자가 관리자에게 성적 괴롭힘을 당하자 여성위원회가 파업을 조직하는 데 나섰다. 그 여성 노동자는 애초에 회사의 내부 절차를 거쳐서 이 문제를 고발했는데, 고발했다는 이유로 오히려 회사에서 정직당했다. 해당 관리자를 쫓아낼 때까지 야간근무조 노동자들이 파업에 들어가기로 결정했다. 파업 5시간 만에 그 관리자는 쫓겨났다.

남성 노동자의 아내들과 함께 여성위원회가 조직되기도 했다. 2014년에 노동자가 통제하기 시작한 인쇄 공장 도널리가 그 사례다. 노동자의 통제를 관철하는 데 여성이 중심적인 버팀목 역할을 했다. 규찰대에 참여했고, 노동자 통제에 지역사회의 지지를 끌어모았다. 이들 여성 중 상당수가 이후 도널리 공장의 노동자가 됐다. 노동자 자녀들을 위해 아침 5시부터 밤 10시까지 어린이집이 운영됐다. 이곳의 노동자들은 니우나메노스 운동(Ni Una Menos)['한 명도 더 잃을 수는 없다'라는 뜻으로 여성 살해를 규탄하는 전국적인 대중운동]과 3·8 여성의 날 투쟁에도 참여했다. 남성들과 성차별 문제를 토론하기 위해 공장 안에서 워크샵도 열었다.

니우나메노스 운동과 빵과장미

� ✕ ✕ ✕

오늘날 아르헨티나 여성운동은 거대한 니우나메노스 운동을 거치며 모양새를 갖췄다. 전국에서 수많은 여성이 거리로 나왔다. 니우나메노스라는 말은 멕시코에서 시작됐다. 사장과 정부, 마약 카르텔이 수출자유지역의 저임금 하청 공장에서 일하는 여성들의 살해에 함께 연루됐다.

　여성 살해는 멕시코에 한정되지 않고, 오래지 않아 아르헨티나에서도 몇 차례 크게 공론화된 여성 살해로 이어지면서 페미니스트들이 같은 구호를 채택한 것이다. 아르헨티나에서 처음으로 니우나메노스 시위가 일어난 2015년에는 30만 명이 국회 앞에 모여 여성 살해를 규탄했다. 그때부터 해마다 수많은 이들이 모여 시위를 벌였다. 때로는 1년에 한 차례 이상 운동이 일어나기도 했다.

　빵과장미는 국가가 정당화해주고 재생산하는 여성에 대한 폭력의 기나긴 사슬의 마지막 고리가 여성 살해라고 간주한다. 라틴 아메리카 대부분의 나라와 마찬가지로, 아르헨티나에서 임신중지권은 합법화되지 못했다. 이 때문에 수많은 여성이 목숨을 잃는다. 지난해[2016년]에는 한 여성의 석방을 요구하는 대규모 시위가 일어나기도 했다. 그 여성은 불법으로 임신중지를 한 뒤, 살인죄로 고발당했다. 정부는 가정폭력에 맞서겠다며 립서비스를 늘어놓지만, 이를 위한 예산은 빈약하고 가정폭력을 겪는 여성을 위한 국가 지원은 부재하거나 형편없는 수준이다. 미국에서도 그렇듯이, 성차별적 폭력에 피해를 겪은 여성은 국가로부터 또다시 피해를 겪는다. 그들은 경찰이고, 법원이며, 피해자가 거짓말하고 있다고 말하는 자들, 피해자의 이야기를 무시한 채 피해자에게 책임이 있다고 말하는 자들이다. 이것은 가난이라는 제도적 폭력에 덧붙는 또 하나의 제도적 폭력이다.

거대한 니우나메노스 운동 덕분에, 노동자계급 속에서 여성운동에 대한 자각과 지지 흐름이 생겨났다. 그 결과, 3·8 여성의 날에 아르헨티나 여러 산업부문에서 파업이 조직됐다. 펩시코 공장에서 파업은 아침 5시부터 시작됐다. [파업을 회피하려는] 기존 노조 지도부에 반대하는 입장의 현장위원회가 총회를 소집했고, 투표를 거쳐 파업이 성사됐다. 부에노스아이레스 공항에서는 라탐항공 노동자들이 체크인 서비스를 중단했다. 여기에서도 노조 지도부에 반대하는 조합원들이 총회를 조직해서 파업을 밀어붙였다. 교사들은 3·8 여성의 날 바로 전날에 파업과 대규모 시위를 벌였다. 여러 부문의 교사들이 파업을 조직하기 위해 노조에서 내부 투쟁을 벌였고, 부에노스아이레스에서는 이에 성공한 여러 사례가 있었다. 이러한 파업에서 빵과장미 회원들은 기존 지도부에 반대하는 현장위원회에 참여했으며, 3·8 여성의 날 파업을 조직하기 위한 투쟁에서 다른 모든 성별의 동료들과 함께 단결했다.

펩시코 투쟁과 니우나메노스 운동

✕ ✕ ✕

펩시코 공장은 부에노스아이레스에서도 가장 급진적인 축에 속하는 곳으로서, 여성의 권리를 지지하며 여러 차례 파업을 벌였다. 빵과장미 회원들의 리더십에 힘입어, 현장위원회는 하청제도에 반대하고, 출산휴가를 늘리며, 노동조건을 개선하기 위한 투쟁을 이끌었다.

지난달 말에[2017년 6월] 이 노동자들은 공장이 문을 닫는다는 사실을 알게 됐다. 600명이 실업자가 될 판이었다. 대부분 여성인 이 노동자들은 일자리를 지키기 위해 공장을 점거하기로 했는데, 이후 경찰이 투입되면서 폭력적으로 밀려났다. 600명의 펩시코 노동자들은 해고됐고, 공장은 폐쇄됐다. 노조는 이들의 투쟁을 지원하지 않고 있지만, 이 노동자들은 지금도 공장을 점거 중이다.

이 노동자들 다수는 일자리를 지키기 위한 자신의 투쟁이 여성 권리를 위한 투쟁의 한 부분이라고 생각한다. 그들은 니우나메노스가 펩시코 공장 폐쇄에 반대하는 투쟁을 뜻하기도 한다고 말한다. 이 투쟁의 리더인 카탈리나 발라게르는 연대집회에 모인 참가자 3만 명 앞에서 '한 명도 더 일자리를 잃을 수는 없다(Ni Una Menos Sin Trabajo)'라고 적힌 점퍼를 입어 보였다.

성차별과 성 소수자 혐오에 맞선 투쟁이
노동자계급을 전진시킨다

⚒ ⚒ ⚒

빵과장미는 사회주의노동자당의 투사들과 이 당에 속하지 않은 사람들이 함께 만든 단체다. 하지만 사회주의노동자당 내에서 빵과장미 회원들만이 가부장제와 동성애 혐오, 성전환자 혐오에 맞서 싸우려는 건 아니다. 이 투쟁에는 모든 당원이 달라붙는다. 억압에 맞선 이런 투쟁이 작업장에서 벌어진다면 그것은 노동자계급의 전진을 뜻한다고 우리는 생각한다.

그런 사례가 마디그라프 공장에서 만들어졌다. 지난 몇 년간 그 공장을 노동자가 통제했다. 그 이전에는 사장이 오직 남성만 고용해서 일하게 했다. 여기서 한 노동자가 자신이 성전환 여성이라는 사실을 밝혔는데, 사장은 이 여성이 여자 화장실을 이용하지 못하도록 막았다. 노동자들은 이 여성이 여자 화장실을 이용할 권리를 보장하기 위해, 그리고 사장에게 성전환 혐오에 맞서 들고 일어설 거라는 점을 보여주기 위해 파업을 조직했다.

마디그라프에서 일하는 한 노동자가 이렇게 얘기했다. "이 경험을 하면서 노동자 한 사람 한 사람의 의식이 더 성장했고, 작업장에서 집단적인 의식도 성장했습니다. 덕분에 지금까지 공장에서 못 본 체하며 덮어놨던 사안에 대해서도 사장과 맞서 싸우기로 결단할 수 있게 됐어요." 이 일이 있고 몇 년 지난 뒤 이곳은 노동자가 통제하는 공장이 됐다. 성전환 노동자를 지지하며 파업을 벌이자는 주장을 제기한 사람들

중 다수는 사회주의노동자당 투사들이었다. 그들은 빵과장미 회원들은 아니었지만, 성차별, 가부장제, 동성애 혐오와 성전환 혐오에 대해 규칙적으로 토론하고 정치적인 활동을 벌인다.

빵과장미와 좌파노동자전선

✖ ✖ ✖

여성 쟁점을 다루는 것은 현장 투쟁이나 페미니즘 운동에 국한되지 않는다. 오히려 사회주의노동자당은 투쟁적인 활동의 모든 측면에서 여성 쟁점을 대중적인 규모로 다루고자 한다. 선거에서 여성 쟁점을 다루는 것도 여기에 포함된다. 사회주의노동자당은 좌파노동자전선(FIT: Frente de Izquierda y de los Trabajadores)을 이루는 세 개 정당 중 하나다.[좌파노동자전선은 2011년 사회주의노동자당(PTS), 사회주의좌파(IS), 노동자당(PO)이 함께 결성했고, 2019년에 노동자사회주의운동(MST)이 추가로 참여했다.]

좌파노동자전선이 선거에 나가는 이유는 사회주의로 가는 길을 선거로 열어갈 수 있다고 믿어서가 아니라, 선거가 수백만 사람들에게 다가설 수 있는 연단이기 때문이다. 우리는 국회에 한 명의 의원이 있고, 주의회와 지방의회에 십수 명의 의원이 있다. 우리는 그 의석을 활용해서 자본가 정당들을 규탄하고, 노동자·청년·여성 투쟁을 지지하며 관심을 끌어모으려 한다. 중요한 점은 선거에서 당선된 모든 우리 의원은 교사와 같은 수준의 수당[아르헨티나 교사의 평균 연봉은 한국 교사의 3분의 1 수준이다.]만 받고 나머지는 투쟁하는 노동자들에게 기부한다는 것이다.

대통령선거 때 전국에 중계된 TV 토론회가 있었다. 대통령 후보 중에는 여성도 있었지만, 사회주의노동자당 후보로 나온 니콜라스 델 카뇨만 유일하게 임신중지권 얘기를 꺼냈다. 그와 더불어 지방과 연방 의회에서 활동하는 모든 좌파노동자전선 의원들이 여성 권리를 다룬다. 우리는 여성에게 가해지는 폭력에 대응하는 '전국비상계획'에도 공동주관으로 참여한다. 이것은 예산도 제대로 배정되지 않고 폭력 피해에 즉각 대응도 못 하는 기존의 취약한 보호 방안을 대체하기 위한 것이다.

카뇨는 가정폭력 피해자가 단기간 사용할 수 있는 주택을 확보하고, 부유세를 걷어 여성이 집을 구할 수 있도록 정부 보조금을 지원하는 법안을 제안했다. 좌파노동자전선은 현재 취업 중인 노동자가 가정폭력을 겪을 때 유급휴가를 받을 수 있는 법안을 제안했다. 여성이 전문가의 상담과 지원을 받을 수 있게 하는 법안도 제출했다. 이것은 여성에 대한 폭력에 대응하기 위해 좌파노동자전선이 내놓은 수많은 제안 중 일부일 뿐이다.

사회주의노동자당은 더 나아가 당 강령의 모든 측면과 연관 지으며 사회주의 페미니즘 쟁점들을 토론한다. 예를 들어, 가장 최근에 있었던 중간선거에서 사회주의노동자당은 6시간 노동제와 생활이 가능한 수준의 최저임금을 위한 운동을 제안했다. 이것을 토론하는 방식 중 하나는 이 운동을 여성에게 부과되는 이중 노동, 그러니까 직장에 일하러 갔다가 다시 집으로 일하러 가는 것과 같은 여성 쟁점과 연계하는 것이다.

사회주의 페미니즘과 노동자계급

✳ ✳ ✳

때때로 다른 나라의 역동적인 좌파 운동에 대해 들을 때, 우리는 한편 놀랍다는 생각도 들지만, 다른 한편 미국에서 그렇게 하기가 불가능하다는 생각도 하게 된다. 사람들이 그렇게 생각하는 데에는, 노조 관료제가 너무나 단단하게 자리 잡았고, 노동자계급은 극심한 패배를 겪었으며, 국가권력은 아주 강력하고, 사회주의자들은 너무나 취약하다는 등의 이유가 있다. 이 모든 것이 사실이다. 미국에서 운동을 조직하는 것은 쉬운 일이 아니다.

하지만 라틴 아메리카나 다른 어떤 곳에서도 마법이 작동하는 것은 아니다. 아르헨티나에서 3·8 여성의 날에 파업이 벌어진 것은 좌파가 노동자계급 속에서 끈질기게 조직했기 때문이다. 빵과장미는 40명으로 시작했지만 지금은 여성대회에 4,000명이 참가할 정도로 성장했다. 40명이었던 이 단체는 이제 파업을 일으키기 위해, 여성 권리를 위해, 노동자 권리를 위해 전국 곳곳의 현장에서 투쟁한다. 미국에서도 그 교훈을 이어가야 한다. 자본주의 국가로부터, 자본가 정당들로부터 독립적인 운동을 조직하는 것만이 우리가 전진할 수 있는 유일한 길이라는 교훈을 기억해야 한다.

—

타티아나 코차렐리 글 · 오연홍 옮김
Tatiana Cozzarelli, "This is What Socialist Feminism Looks Like"
2017년 7월 24일 《레프트 보이스》에 영어로 게재됨.

현실 속 사회주의 페미니즘:
아르헨티나 빵과장미로부터 배우기

특정 집단을 겨냥한 특정 억압에 맞서 싸우면서 동시에 노동자계급의 단결을 위해 어떻게 투쟁할 것인가. 이는 좌파에게 오랫동안 쉽게 해결되지 않는 문제였다. 사회주의자들은 계급 환원론자라고 고발당했고, 흔히 유죄판결을 받았다. 사회주의적 좌파는 인종차별, 성차별, 동성애 혐오, 트랜스젠더 혐오, 장애인차별, 나이 차별 등 사람들이 억압당하는 각각의 방식에 대해 충분히 분석해야 한다. 억압에 맞선 투쟁, 그리고 이윤을 위해 조장된 분열을 이용해 여러 사회적 억압을 만들고 지속시키는 자본주의 체제에 맞선 투쟁에 노동자계급을 끌어모으고 단결시키는 일은 사회주의자들에게 중대한 과제다.

빵과장미는 아르헨티나 사회주의노동자당 투사들이 이끄는 단체지만, 여기에는 많은 개별 활동가도 포함돼 있다. 여기에 사회주의노동자당의 헌신이 어우러지고, 여성해방을 위한 투쟁에서 우선순위를 정하기 위한 구체적인 조직적 방법이 결부된다. 빵과장미를 만든 사람들은 전투적인 사회주의 여성들이었다. 이들은 "이 고통스러운 자본주의 체제를 끝장내야만 전 세계 여성의 삶을 고통스럽게 만드는 성차별을 끝장낼 수 있다는 확고한 신념을 기반으로 했다." 창립회원들이 만들겠다고 마음먹은 조직은 단일한 전략을 바탕에 둔 것이었다. 그들은 실천 계획 없이 그저 토론하다 만들어지는 또 하나의 여성단체를 원하지 않았다. 전략의 필요성에 대한 이러한 인식은 모든 노동자에게 성공으로 가는 중요한 방법을 보여줬다.

현재 이 단체는 스페인과 더불어 라틴 아메리카 몇몇 나라에서 성장 중이다. 덕분에 〈빵과장미 국제 선언문〉이 최근 영어와 또 다른 네 개 언어로 번역됐다. 아르헨티나만 해도 지금 빵과장미 회원이 3,500명이고, 해마다 6만 명 이상 모이는 아르헨티나 전국여성대회에 참가하는 빵과장미 참가단(회원과 지지자들)도 5,000명까지 늘어났다.

여성 노동자의 눈으로

✖ ✖ ✖

아르헨티나를 찾은 《레프트 보이스》 방문단은 부에노스아이레스에서 빵과장미 회원들을 만났다. 어느 날 밤 진행된 빵과장미의 전략에 대한 토론은 여성 억압이 본질적으로 모든 노동자에 대한 억압과 결합돼 있다는 점을 잘 알 수 있게 해줬다. 빵과장미는 "우리 중 한 사람만 다쳐도 그것은 모두의 상처다"라는 원칙을 두고 있다. 그러나 실제 현실에서 자본가 체제는 성차별마저도 노동자계급을 분열시키기 위한 또 하나의 방법으로 사용하고 있다. 인종차별, 동성애 혐오, 그 밖의 억압 체계도 마찬가지다. 그것을 통해 성 정체성에 따라 사람들의 이해관계가 달라진다고 모든 노동자가 믿도록 만들려고 한다. 해방을 위한 투쟁에서 노동자들이 자본가들의 이해관계에 맞서 단결해 싸우는 것을 막기 위해서다.

그날 모임에는 다양한 직업의 여성 노동자가 참여했다. 식품 산업 노동자, 전화국 노동자, 교사, 교수, 병원 노동자, 학생회 대표, 아르헨티나 의회에서 일하는 행정직 노동자 등이 왔고, 공장 폐쇄에 맞서 투쟁하고 있는 펩시코 공장 노동자들이 지난달[2017년 8월] 공장점거 중에 벌어진 경찰의 폭력적인 탄압에도 불구하고 참석했다.

한 공장 노동자는 현장 투쟁과 결합한 페미니즘 사상이 자본주의에 맞서는 강력한 힘을 만들어준다고 설명했다. 그는 공장 문 앞에서 빵과장미 창립자인 안드레아 다트리를 어떻게 만났는지, 그리고 토론하면서 "여성 노동자들이 하나의 공장을 운영할 수 있다면, 사회도 운영할 수 있다"는 걸 깨닫게 된 과정을 묘사했다.

함께 투쟁하며 성장하는 운동

✕ ✕ ✕

펩시코 투쟁은 여성 노동자들이 전투적인 요구를 앞세우고 그들의 모든 동료 노동자들을 투쟁에 참여시킴으로써 단결을 강화한, 아마도 현시기의 가장 중요한 사례일 것이다. 펩시코 여성 노동자들은 공장점거 몇 년 전인 공장이 문을 닫게 될지 아무도 몰랐을 때부터, 여성 살해와 성차별적 억압을 끝내기 위한 요구 아래 단결해야 할 필요성에 관한 토론에 남녀 동료 노동자들을 어떻게 참여시켰는지 설명해줬다. 이런 단결은 처음에는 여성 살해에 반대하거나 출산휴가 확대에 찬성하는 연대의 인증샷 찍기처럼 소박한 방식으로 표현됐다. 하지만 이런 상호교류가 신뢰, 정치적인 토론, 이해를 증진시켰고, 마침내 이 노동자들이 함께 뭉쳐 그들의 일자리를 지키기 위해 폐업한 공장을 점거하는 결단을 내리도록 했다. 이 결정이 곧 경찰의 폭력과 맞부딪히는 걸 뜻한다는 사실을 알면서도 말이다.

펩시코 투쟁을 시작하기 오래전, 2001년 금융위기 동안 벌어진 많은 공장점거를 포함해 다른 공장들에서도 반격이 있었다. 그중 하나가 브루크만 의류 공장에서 일어났다. 다수가 여성이었던 그곳 노동자들은 경찰 진압과 대결했다. 이 투쟁은 빵과장미가 탄생하는 데 빼놓을 수 없는 요소가 됐다. 그것은 여성 권리에 대한 토론에 참여하도록 노동자 운동에 영향을 미칠 수 있는 가장 좋은 방법을 찾기 위한 논의를 사회주의노동자당 내에서 불러일으켰다. 우리에게 여성 권리란, 사회주의를 통한 노동자의 집단 해방을 위한 투쟁의 일부였다. 빵과장미는 바로 이 시기에 벌어진 공장점거, 대중총회와 나란히 진행된 다양한 토론 속에서 태어났다.

크리스티나 키르치네르 대통령의 탈신자유주의 정부가 여성운동을 끌어들이려 했던 시기에도 키르치네르는 임신중지 합법화에 반대했다. 이 시기에 정부가 내건 탈신자유주의는 말로는 여성 권리를 옹호하고 제국주의에 반대하며 다양한 진보적 조치를 지지하지만, 실제로는 지속적인 긴축과 자본주의 성장을 꾀하기 위한 미사여구에 불과했다.

이런 행태는 경기 호황과 맞물리면서 사회적 억압에 맞선 여성들의 조직화를 일시적으로 가로막는 효과를 냈다.

그렇지만 키르치네르 임기가 끝나갈 무렵 니우나메노스 운동이 아르헨티나에서 일어났다. 그 뒤에는 브라질과 라틴 아메리카의 다른 지역으로도 운동이 확산됐다. 이는 엄청난 숫자의 남성우월주의적 여성 살해, 그리고 여성을 겨냥한 폭력 증가로 이어지는 경제적·사회적 상황에 정부가 실질적으로 대처하기를 거부하는 것에 대한 대응이었다. 키르치네르 통치 시기의 신자유주의 정책들이 바로 노동자들 자신의 생명을 지키기 위해 노동자계급이 조직돼야 할 필요성을 점점 더 분명하게 만들어줬다.

진정한 단결을 위한 길

✕ ✕ ✕

억압에 맞선 조직화에는 어려운 지점이 있다. 노동자 부문 간 차이점을 충분히 이해하며 단결된 방식으로 자본주의에 맞선 투쟁을 한다는 것이 노동자계급 내 특정 집단이 직면한 특정 억압에 맞선 투쟁을 회피하거나, 일부 노동자의 편견과 퇴행적 사고에 맞서기를 회피하는 게 아니라는 점을 분명히 해야 할 필요가 있기 때문이다.

노동자계급이 이런 억압 체계를 받아들여 왔다는 걸 수긍하면서, 빵과장미 회원들과의 대화는 자본주의의 압제에 맞선 투쟁에서 진정한 단결을 만들어내기 위해 필수적인 [노동자 운동] 내부 투쟁의 역할에 대한 토론으로 이어졌다.

그 사례로서 빵과장미의 한 회원이 지금 노동자가 관리하는 마디그라프 인쇄소에서의 투쟁을 소개했다. 노동자들의 공장점거가 이뤄지기 전 그곳에서는, 사장들이 남성 노동자만 고용하겠다는 정책을 강요했다. 노동자 중 한 사람이 성전환 여성이었는데, 그는 자기 일자리를 지키기 위해 남자로 변장하고 일하러 가려 했다. 그의 정체가 탄로 났을 때, 노동자들 사이에서 트랜스젠더 혐오와 성차별이 일어났다. 그때 현장의 사회주의 노동자들이 이런 편견에 적극적으로, 그리고 전투적으로 맞서 싸웠고, 트랜스젠더 노동자의 권리를 옹호했다. 결국 노동자들을 설득해 파업을 조직했고, 별도의 여성 화장실도 요구했다. 이 투쟁의 중요성에 대한 의식도 성장했다.

여성이 함께 투쟁하지 못하도록 가로막기 위해, 그리고 남성이 여성 억압에 맞서 투쟁하지 못하도록 가로막기 위해 자본주의가 만들어낸 균열을 넘어 승리를 거둔 고무적인 사례다. 이는 노동자계급 전체가 성차별에 맞서 단결 투쟁에 나서야 할 필요성과 그런 투쟁의 성공 사례를 보여준다. 이런 성취는 빵과장미의 여성 노동자들이 지닌 용기가 낳은 결과다. 그들은 자본주의에 맞선 투쟁에서 떼놓을 수 없는 일부로서 여성 권리를 지치지 않고 요구한다.

—

프란체스카 고메스 글 · 오연홍 옮김
Francesca Gomes, "Socialist Feminism in Practice: Learning from Pan y Rosas"
2017년 9월 15일 《레프트 보이스》에 영어로 게재됨.

'성공'한 여성 CEO 밑에서 바스러지는 여성 노동자

인드라 크리슈나무르티 누이는 인도계 미국인으로서, 세계에서 두 번째로 큰 식품 음료 회사인 펩시코의 CEO다. 이 회사에서는 펩시·레이즈·퀘이커·도리토스·스타벅스·세븐업·치토스·아쿠아피나·마운틴듀·게토레이·트로피카나 같은 제품을 만든다. 2016년에 펩시코는 매출액 628억 달러를 달성했고, 1,590억 달러의 시장가치를 지녔으며, 어림잡아 26만 4,000명의 노동자를 고용했다. 그 정도로 비중 있는 글로벌기업의 CEO라는 점에서, 누이가 세계에서 가장 영향력 있는 여성으로 두어 차례 지명된 것도 놀랄 일이 아니다.

누이는 한 개인으로서 최고 수준의 성공을 거둔 재계 인물이 될 수 있었을 뿐 아니라, 기업 내에서 유색인과 여성이 진출할 수 있는 길을 열었다. 현재 펩시코의 고위급 임원 중 27%가 여성이며, 36%가 유색인이다. 의심할 바 없이 기업들이 평균적으로 보여주는 것 이상으로 다양성을 보여준다. 영국에서 펩시코는 여성이 일하기 좋은 상위 50개 기업

중 하나로 뽑았다. 《타임스》와 《오퍼튜니티 나우*Opportunity Now*》는 펩시
코가 "일터의 젠더 평등을 주도해가고 있"으며, 이것은 부분적으로 여
성 중간 관리자들이 고위급 임원 자리로 나아갈 수 있도록 지원하는 '성
공을 위한 전략' 프로그램 덕분이라고 말한다.

어떤 사람들에게는 누이가 여성의 권한 강화[임파워먼트: 권한을 부여하
고 역량을 키우며 의욕, 성과, 효능감 등을 증진시키는 과정을 함축하는 개념으로 정치, 경영,
페미니즘 운동 등 다양한 영역에서 사용된다.]를 위한 모델이며, 유색인을 포함한
여성이 원하는 것을 달성하기 위해 인종차별과 성차별의 장벽을 허물
어뜨릴 수 있음을 보여주는 증인이다. 어떤 사람들은 여기서 더 나아가,
페미니스트의 모델 격으로 다른 여성을 위해서도 길을 열어줬기 때문
에 그의 권한 강화가 결코 개인의 성취만을 뜻하지 않는다고 주장할지
도 모른다. 누군가는 우리의 할머니 세대가 최고 지위로 나아가지 못하
도록 가로막았던 과거의 장벽은 사라진 지 오래며, 새로운 평등의 시대
에 접어들었음을 누이의 삶이 입증한다고 주장할 것이다. 이런 논리로
보면, 여전히 여성이 직면하는 난관이 있더라도, 그 난관을 극복할 수
있다는 것을 누이 같은 여성이 빛나는 사례처럼 보여주는 셈이다.

하지만 이런 종류의 페미니즘은 의미 없는 막다른 길이다. 누이가
진보를 위한 등대로 서 있는 동안 전 세계에서 여성은 문맹, 폭력, 저임
금, 끔찍한 노동조건 속에서 고통을 겪고 있다. 누이 같은 사람들 앞에
서 수많은 여성의 신체와 정신이 문자 그대로든 상징적 의미로든 육중
한 기계설비의 무게에 바스러지고 있다. 그곳에서 누이를 억만장자로
만들어주는 상품들이 생산된다.

지금 다수의 여성 노동자가 해고에 맞선 투쟁을 조직하고 있는 이곳 아르헨티나 펩시코 공장보다 이런 현실을 더 뚜렷하게 드러내주는 곳은 없다. 이 투쟁은 린인 페미니즘[페이스북과 메타의 최고운영책임자였던 셰릴 샌드버그의 책 《린인*Lean In*》에서 유래한 표현으로, 여성이 스스로 자신의 커리어를 계발하려는 의지와 노력으로 성공할 수 있다는 능력주의, 자유주의 시각을 담고 있다.]의 문제점을 드러내며, 세계 여성들이 진짜로 전진할 수 있는 길을 가리키는 다른 종류의 페미니즘을 전형적으로 보여준다.

펩시코에서 일하는 여성들

지난 수년간 펩시코는 공장의 노동자들을 무지막지하게 착취했다. 그들 대부분은 여성 하청 노동자였고 하루에 12시간 넘게 일했다. 10년간 그 공장에서 일해왔고 사회주의노동자당 당원이기도 한 카탈리나 발라게르는 이렇게 말한다. "이곳의 많은 여성이 자녀가 있다는 얘기를 안 해요. 해고될 거라는 생각 때문이에요. 아이를 갖게 되거나 홀로 아이를 키워야 하는 상황이면 어떻게든 돈을 벌어야 하니까 더 가혹하게 착취당할 수밖에 없다는 것도 알게 됐고요." 카탈리나가 끔찍한 노동조건을 묘사해줬다. 12시간 노동, 주말 근무, 짧은 휴식 시간, 저임금, 위험한 작업환경. "임신하더라도, 일자리를 잃지 않기 위해서는 다른 노동자와 똑같이 일해야 합니다. 우리는 오랫동안 똑같은 단조로운 작업을 해왔어요. 똑같은 자세로 몸뚱이를 구부려 왔고요. 우리는 기계에 붙어 있는 부품이에요. 기계가 과자 봉지를 뱉어내면 우리는 죽을 때까지 그것을 상자에 담아야 합니다. 담고 또 담고, 매일 똑같은 일을 하면서 몸뚱이가 망가지고 있어요.”

2001년에 그는 노조를 만들려 했다는 이유로 다른 몇몇 동료와 함께 공장에서 쫓겨났다. 일자리를 되찾기 위한 투쟁이 1년 반 동안 이어졌고, 변호사 일을 하는 사회주의노동자당 동지도 힘을 보탰다. 그들은 학생들과 다른 사업장 노동자들의 연대를 조직하면서 법정 밖에서 투쟁했다. 카탈리나의 얘기를 들어보자.

“우리는 대학 연구자, 심리학자, 사회학자들과 함께 조사했습니다. 여성 노동자로 살아간다는 게 어떤 것인지 얘기했고요. 여성 노동자로 살아가는 것의 복합적인 의미를 다루는 훌륭한 결과물을 만들어낼 수 있었습니다. 얼마나 돈을 벌고 얼마나 쓰는지, 공장에서 얼마나 오래 일하고 집에서는 또 얼마나 오래 일하는지, 이런 게 다른 여성 노동자와 말문을 트는 좋은 방법이기도 했습니다. 이를 통해 다른 여성 노동자들도 노동조건을 바꾸는 데 나서게 됐어요.”

결국 카탈리나는 일자리를 되찾았다. 그뿐 아니라 펩시코는 망신당하지 않기 위해 뭔가 조치를 취해야 했다. 그들은 하청 노동자에 대한 초과 착취를 중단했고, 구호단체에 특별 기부금을 내기 시작했으며, 장애인을 고용하기도 했다. 하지만 진정한 승리는 펩시코에서 일하는 노동자들의 의식이 성장했다는 점이었다. “투쟁하면서 정직당하고 해고되거나 위협받는 대가를 치러야 했습니다. 하지만 이 체제가 주는 고통 속으로 내몰리기를 원하지 않는 수많은 여성의 의식이 투쟁하며 변화하는 이상, 우리는 백만 번이라도 또다시 싸울 거에요." 카탈리나의 얘기다.

"폭력·분노·고통을 겪으면서, 우리는 투쟁해야 하고 조직해야 한다고 배웠습니다." 트로츠키주의 정당인 사회주의노동자당 당원이기도 했던 몇몇 동료 노동자와 카탈리나는 현장위원회를 만들었고, 지도부를 맡아 신임을 얻었다. 현장위원회 지도부로서 그들은 임산부 휴가, 안전을 위한 노동조건 개선, 하청제도 폐지 등 몇 가지 양보를 쟁취해냈다. 현장위원회는 공장에서 내부 민주주의를 실현하고 참여를 확대하는 방식으로 투쟁 방향을 함께 결정하기 위해 정기적으로 총회를 소집했다.

여성 권리를 위해 투쟁하는 펩시코 노동자들

⌖ ⌖ ⌖

특히 펩시코 노동자들은 펩시코와 그 밖의 공장에서 여성 노동자의 권리를 위해 투쟁했다. 예를 들어 2010년에는 크라프트 식품 회사의 여성위원회와 함께 "하청 불안정 노동은 폭력이다"라고 쓴 플래카드를 들고 도로봉쇄 시위를 벌였다. 또한 3월 8일 국제 여성의 날에는 파업을 조직했고, 해마다 6월 3일에는 여성 살해에 반대하는 니우나메노스 시위에 참여하기 위해 파업했다. 지난 화요일[2017년 8월 8일] 펩시코 노동자를 위한 대규모 시위가 열렸을 때 카탈리나는 '한 명도 더 일자리를 잃을 수는 없다'고 적힌 점퍼를 입고 나왔다.

펩시코 여성 노동자들은 '한 명도 더 잃을 수는 없다(니우나메노스)'라는 구호를 바탕으로 '한 명도 더 일자리를 잃을 순 없다'는 구호를 내걸었다.(사진_La Izquierda Diario)

그는 이렇게 말한다. "우리 노동하는 여성은 폭력이 가정 안에서만 일어나는 게 아니라는 걸 알고 있습니다. 작업장에서도, 그리고 정부에서 우리를 대변한다고 하는 자들에 의해서도 폭력이 가해져요. 정부는 그들의 이익을 지킬 뿐이고, 우리에게 최악의 굴욕과 최악의 생활 조건을 강요합니다."

작업장에서는 남성과 여성 노동자가 노동자로서의 권리뿐 아니라 여성 권리를 위해 함께 단결한다. "우리는 남성과 여성 노동자의 단결을 바탕으로 전진해왔어요. 사장이 공장 문에 해고통지서를 붙여놨을 때 성별을 가리지 않는다는 걸 몸소 보여줬기 때문이에요. 우리가 결정하고, 스스로 조직하고, 총회를 열고, 거기에서 투표하고, 투쟁합니다. 남성 노동자와 나란히요. 남성 노동자 앞에 서는 것도 아니고, 뒤에 서는 것도 아니에요. 우리의 권리를 위해 굳건하게 나란히 섭니다." 여성 노동자가 겪는 차별 · 모욕 · 폭력을 거듭해서 직접 보아온 남성 동료 노동자들은 관리자와 사장에 맞서 여성 노동자와 함께 투쟁한다.

펩시코에서 벌어진 대결

경제위기가 지속되는 가운데 정부가 긴축 조치를 취하고, 해고가 계속 늘어나는 상황에서, 펩시코는 부에노스아이레스 공장 문을 닫기로 결정했다. 공장에 출근한 600명의 노동자는 해고통지서가 붙어 있는 걸 보았다. 수많은 노동자가 결코 낫지 않을 질병 · 통증 · 부상을 겪으면서 오랫동안 몸 바쳐 일하고 조직해온 공장이었다. 이 노동자들은 공장에서 늘 해오던 바로 그걸 하기로 결의했다. 반격에 나서는 것 말이다.

노조 관료들은 이 투쟁을 지원하지 않았다. 그래도 펩시코 노동자들은 누이가 이끄는 미국계 다국적 기업에 대항하기 위해 공장을 점거하기로 결정했다. 그들은 아르헨티나와 세계 곳곳에서 연대해준 수많은 노동자 · 연구자 · 학생과 함께 피켓 시위와 도로봉쇄 시위를 벌이고, 인터뷰하고, 연대 문화제를 열면서 지역사회의 지지를 끌어냈다. 크게 주목받은 불매운동과 국제연대 운동도 조직했고, 이 투쟁을 지지하는 탄원서 서명운동도 벌였다. 노벨평화상 수상자인 아돌포 페레스 에스키벨, 오월광장어머니회[1976년에서 1983년까지 아르헨티나 군사독재 시기에 실종된 사람들의 어머니들이 만든 단체. 군부가 좌파 척결을 내걸고 벌인 '더러운 전쟁'으로 3만 명 가까이 실종됐다.], 니우나메노스 운동 참가자들, 인권단체와 학생운동단체, 노동자단체의 수많은 활동가가 펩시코 노동자를 지원하기 위해 나섰다.

7월 중순, 공장을 점거 중이던 펩시코 노동자들이 폭력적으로 퇴거당했다. 경찰이 최루액과 고무총탄을 쏘고 곤봉을 휘두르며 노동자와 지지자들을 공격했다. 노동자와 학생을 공격하는 경찰의 모습이 TV로 생중계됐다. 한 민간 컨설팅회사가 추정하기로는 2,000만 명 이상이 펩시코 노동자 침탈 영상을 봤고, 트위터에 글을 쓰고 읽었다. 아르헨티나 인구의 절반에 가까운 수치다.

언론 보도가 쏟아지고 대중적인 압박이 거세지는 상황에서 강제퇴거가 집행된 지 2시간 만에, 노동법원에서 노동자에게 유리한 판결을 냈다. 법원은 회사에 노동자들을 복직시키라고 명령했다. 하지만 펩시코는 여전히 법원 판결을 따르지 않고 있다.

공장점거는 끝났지만, 노동자들은 투쟁을 계속하고 있다. 7월 18일에 전투적인 노조 지부, 학생단체, 인권단체, 니우나메노스 운동을 벌이며 세계적으로 알려진 페미니즘 단체 등에서 나온 3만 명의 참가자가 국회를 향해 행진했다. '#모두_함께_펩시코에_맞서_싸우자'라는 해시태그가 6시간 동안 널리 퍼졌다. 노동자들은 펩시코에 대항하는 투쟁을 이끌기 위해, 그리고 긴축과 해고에 맞서기 위해 농성 천막을 세웠다.

최전선에 선 노동자계급 여성들

✕ ✕ ✕

펩시코 여성 노동자들이 보여준 것은 정부에서든 기업에서든 사회의 최상층에 여성이 있다고 해서 그것이 노동자계급 여성의 해방을 뜻하지는 않는다는 사실이다. 펩시코 CEO인 누이는 유색인이지만, 그렇다고 펩시코에서 착취가 조금이라도 줄어드는 조건을 만들어주는 건 아니었다. 권력을 쥔 자들의 성별을 바꾸는 것은 상징적인 행위에 불과하며, 압도 다수의 여성에게는 아무런 실질적 의미가 없다.

펩시코 CEO로서 누이의 지위, 332억 원이 넘는 엄청난 연봉, 그가 관리직으로 끌어올리려는 모든 여성과 유색인의 엄청난 연봉은 카탈리나와 전 세계 수많은 여성 노동자가 등골 빠지게 일한 결과다. 카탈리나가 혹사당하고 저임금에 시달린 대가로 누이는 부를 누린다. 카탈리나와 동료 노동자들의 노동을 쥐어짜 주주들에게 이윤을 보장함으로써 누이는 CEO라는 지위를 유지한다. 카탈리나가 더 장시간 일할수록 임금은 더 떨어지고 일자리는 더 불안정해지는 반면, 펩시코는 더 많은 이윤을 챙겨간다. 그럴수록 누이는 더 '훌륭한' CEO가 된다.

《포브스Forbes》가 펩시코를 여성 노동자에게 가장 좋은 직장이라고 선정했을 때, 세상의 모든 카탈리나 같은 여성이 등골 빠지게 노동하고, 기계의 부속품처럼 살아가고 있다는 것을 조금이라도 고려했을까?

2016년 힐러리 클린턴은 미국 여성들에게 자신이 여성 권한 강화의 상징이며, 자기가 대통령으로 뽑히는 게 모든 여성의 승리라고 설득하려 애썼다. 그 여성 권한 강화란 펩시코 CEO가 보여준 것과 같은 종류의 역량 강화다. 그것은 '권한을 강화한 여성'에게 억눌리고 착취당하는 펩시코의 여성 노동자, 남성 노동자의 아내나 연인, 세상의 모든 여성 노동자에게 아무 의미 없는 권한 강화다.

그렇지만 펩시코 투쟁은 새로운 종류의 페미니즘에 주목하도록 이끌어준다. 그것은 노동자계급에 기반을 두고 있으며, 전투적이고, 저들의 허구적인 평등 조치를 거부하는 페미니즘이다. 이 페미니즘은 여성 노동자의 적은 사장들이며, 그 사장이 남성인지 여성인지는 중요하지 않다는 점, 펩시코의 여성 노동자가 그랬듯이 여성 노동자는 같은 처지에서 일하는 그들의 남성 동료들과 뭉쳐야 한다는 점을 이해한다. 오늘날 노동시장에는 역사상 그 어느 때보다 많은 여성이 나와 있다. 노예 같은 노동과 성차별에 맞서 노동자계급 여성이 스스로 자신을 조직한다면, 그것은 거대한 힘의 원천이 될 수 있다.

펩시코 노동자가 보여주는 새로운 종류의 페미니즘은 노동자계급의 연대에 바탕을 둔다. 이 페미니즘은 개별적인 남성·자본가·정부의 모든 폭력에 대항해 노동자계급과 여성을 방어한다. 개인적인 권한 강화가 아니라, 자신의 권리와 이 사회의 모든 피억압 민중의 권리를 지키기 위한 노동자계급의 권한 강화를 추구하는 페미니즘이다. 또한 이 페미니즘은 한 사람의 권리를 침해하는 것은 곧 우리 모두의 권리를 침해하는 것이며, 누군가 억압받고 착취당한다면 우리 모두 사슬에 묶여 있다는 사실을 알고 있다. 이런 페미니즘은 임신한 여성 노동자의 권리를 위해, 그리고 모두의 안전한 노동조건을 위해 현장위원회에서 남성 동료들과 함께 단결한다.

누군가는 이런 종류의 페미니즘이 세력이 없고, 이상적이며, 주도력을 가질 수 없다고 주장한다. 나는 이런 종류의 페미니즘이야말로 모든 여성의 권리를 쟁취할 수 있는 유일한 길이라고 주장한다. 이런 페미니즘은 허구적인 성과가 아닌 진짜 승리를 바라며, 소수의 행운아를 위한 빵 부스러기가 아니라 노동자계급과 피억압 민중을 위해 세상을 쟁취하기를 바라는 그런 페미니즘이다.

—

타티아나 코차렐리 글 · 오연홍 옮김
Tatiana Cozzarelli, "Women Workers vs Intersectional Exploitation"
2017년 8월 15일 《레프트 보이스》에 영어로 게재됨.

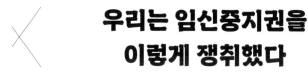

우리는 임신중지권을
이렇게 쟁취했다

1973년 '로 대 웨이드' 판결로 임신중지가 합법화됐던 미국에서, 50년 만에 이를 뒤집는 대법원 판결이 지난해[2018년] 나왔다. 이제 임신중지를 선택할 수 있는 헌법상의 권리가 사라져버린 것이다. 미국에서는 이에 항의하는 시위가 이어졌다. 시민단체들은 캠페인을 벌일 수 있도록 돈을 기부해달라고 호소하고, 민주당은 선거에서 그들에게 표를 던지는 것이 유일한 해법이라고 말한다. 하지만 라틴 아메리카 지역에서는 오히려 임신중지권이 확대하는 중이다. 최근 아르헨티나·멕시코·칠레에서는 낙태죄가 폐지됐다. 이런 성과는 중도좌파 정부들이 하사해준 선물 같은 게 아니었다. 임신중지 합법화는 거리에서 펼쳐진 전투적인 운동의 결과이며, 어떤 나라에서는 이와 관련해 수십 년간 투쟁이 이어졌다. 국제 사회주의 페미니즘 단체인 빵과장미가 이 운동에서 주도적인 역할을 했다. 《레프트 보이스》가 세 나라의 빵과장미 리더들과 인터뷰했다. 아르헨티나의 다트리, 멕시코의 야라 비야세뇨르, 칠레의 알레한드라 데캄의 이야기를 차례대로 소개한다.

* **아르헨티나** 다트리는 사회주의 페미니즘 단체인 아르헨티나 빵과장미의 창립자이며 《일간 좌파*La Izquierda Diario*》의 편집자이기도 하다. 그가 쓴 책 《빵과 장미: 자본주의사회에서 젠더와 계급》은 6개 국어로 번역됐다. 2019년 플루토 출판사에서 영어판[《*Bread and Roses: Gender and Class Under Capitalism*》]이 발행됐다.

아르헨티나에서 임신중지권은 어떻게 쟁취됐는가?

2021년 12월 30일 밤에 법안이 통과됐다. 여성운동의 끈질긴 조직화와 투쟁이 없었다면 그 법안은 여전히 의회 어딘가의 책상 서랍에 처박혀 있었을 것이다.

아르헨티나에서 임신중지 합법화를 위한 투쟁은 1970년대까지, 그러니까 1976년 군사 쿠데타 이전까지 거슬러 올라간다. 군부독재가 무너졌을 무렵 인권을 위한 거대한 투쟁이 있었다. 그래서 1980년대 들어 임신중지 역시 여성 인권 문제로 다뤄지기 시작했으며, 나중에는 비밀스럽게 이뤄지던 임신중지도 공공의료 사안으로 여겨졌다. 임신중지 합법화는 임신한 사람이 어떻게 할지 결정할 수 있는 개인적 권리뿐만 아니라, 위생과 안전이 담보되지 않는 임신중지로 사망하지 않을 권리까지 보장하는 요구다. 이 때문에 여성운동은 다음과 같은 구호를 채택했다. "스스로 결정하기 위한 성교육. 임신중지를 피하기 위한 자유로운 피임. 죽지 않기 위해 합법적이고 안전한 무상 임신중지."

다양한 페미니즘 투쟁을 거치며 거의 20년이 지난 2005년에, 300개 이상의 단체가 모인 연합체 '전국임신중지권운동'이 결성됐다. 그해 전국임신중지권운동은 수많은 사람이 참여한 시위를 주도했고, 10만 명이 서명한 청원을 의회에 제출했다. 서명을 이렇게 모은 건 중고등학교·대학교에서 토론과 논쟁을 조직하고 도심에서 시위를 벌이며 역동적으로 운동한 결과였다.

2007년 전국임신중지권운동은 임신중지 합법화를 위한 법안을 제출했다. 그 법안은 좌파 페미니스트 변호사인 도라 콜레데스키가 작성했는데, 그는 우리의 승리를 보지 못하고 세상을 떠났다. 이 법안은 낙태죄 폐지뿐만 아니라, 임신한 당사자의 요청만으로도 공공 병원에서 합법적으로 임신중지가 이뤄져야 한다는 요구까지 포함했다.

그러나 네스토르 키르치네르와 크리스티나 키르치네르가 이끈 중도좌파 정부는 이 법안을 전혀 논의에 부치지 않았다. 법안이 몇 번이고 제출되는 동안 낙태죄는 그대로 유지됐다. 2018년에 일곱 번째로 법안이 제출됐을 때 드디어 국회에서 논의가 시작됐다. 당시 상원의원이었던 크리스티나는 그때 비로소 이 법안을 지지했다. 왜냐하면 그 무렵 그는 야당 신세였고, 마크리가 이끄는 우익 정부가 이 법안 통과를 막을 거라는 사실을 알았기 때문이었다.

같은 해 아르헨티나 여러 도시에서 수많은 사람이 몰려나와 '녹색 물결' 시위를 벌였고, 국회를 에워쌌다.[임신중지권을 요구하는 수십만의 참가자들이 녹색 스카프를 치켜들고 시위를 벌이면서 '녹색 물결'이라는 별명이 붙었다.] 법안을 투표에 부치라고 요구하며 몇 달간 시위가 이어졌다. 끝없는 시위의 정점이었다. 해마다 아르헨티나에서는 3월 8일(여성의 날)과 9월 28일(라틴 아메리카와 카리브해 지역 낙태죄 폐지의 날)이 되면 임신중지 합법화를 위한 시위를 벌였다. 전국에서 백만 명이 거리로 나와 "한 명도 더 잃을 순 없다!"라고 외치며 여성 살해에 항의했던 2015년 역시 중요한 시기였다.

2018년에는 국회 논의가 길어지는 동안 30만 명에 이르는 사람들이 국회 밖에서 밤샘 농성을 벌였다. 하원에서는 법안이 통과됐는데, 상원에서 막혀버렸다. 하원에 우리 좌파노동자전선은 세 의원이 있는데, 오직 그 세 명만 법안에 찬성표를 던졌다. 빵과장미와 사회주의노동자당은 국회 밖에서 벌어진 거대한 녹색 물결 시위에 참여했고, 같은 당원이면서 좌파노동자전선 의원인 니콜라스 델 카뇨와 나탈리아 곤살레스 셀리그라는 국회 안에서 법안을 위해 싸웠다.

페르난데스와 키르치네르가 이끄는 중도좌파 정부는 어떤 역할을 했는가?

2019년에 알베르토 페르난데스 대통령과 크리스티나 부통령이 이끄는 정부가 들어섰을 때 그들은 이 법안을 통과시키겠다고 공언했다. 거리에서 벌어진 투쟁의 힘은 강력했고, 많은 이들이 새 정부에 기대를 걸었기 때문에 그들은 이 사안을 그들의 정책 의제에 포함할 수밖에 없었다. 그런데 코로나19 팬데믹 때문에 여성운동이 흩어져 버렸다. 그러자 페르난데스 정부는 전국임신중지권운동이 몇 번이고 제출했던 법안을 무시하면서 자신의 법안을 따로 제출했다. 그의 법안은 반동 세력과 가톨릭 세력의 표를 끌어오기 위해 이들과 협상하면서 받아들인

규제 조치를 포함했다. 그렇게 해서 그 법안이 최종 통과됐다. 국회에서 논쟁이 벌어졌을 때, 사회주의노동자당 카뇨는 먼저 이 법안이 만들어질 수 있게 해준 도라 콜레데스키와 여성운동에 경의를 표했다. 그는 정부가 포함한 규제 조치를 규탄한 단 한 명의 의원이었다.

녹색 물결 시위에서 빵과장미는 무엇을 했는가?

빵과장미는 사회주의노동자당이 만든 사회주의 페미니즘 단체인데, 처음 만들어졌을 때부터 임신중지 합법화를 위한 투쟁에 참여했다. 수년 동안 사회주의노동자당은 선거 투쟁을 벌이면서 임신중지 합법화를 요구한 유일한 정당이었다. 우리는 줄곧 임신중지가 공공 병원에서 자유롭고 안전하게 이뤄져야 한다고 요구했다. 금지한다고 해서 임신중지가 사라지지는 않는다. 금지는 오히려 비밀리에 의료 시술을 받을 수 없는 노동자계급과 가난한 민중에 속한 여성과 임신 가능한 모든 이의 건강과 생명을 위태롭게 할 뿐이다.

우리는 노동자 운동 안에서, 불안정하게 고용된 청년과 학생들 사이에서, 빈민 속에서 맹렬하게 활동했고, 덕분에 편견에 맞붙어 싸우면서 광범한 다수가 임신중지권을 위한 투쟁에 동참하도록 설득할 수 있었다. 우리가 노동자계급의 투쟁을 이끌었을 때는 언제나 거기에서 여성위원회를 건설했다. 빵과장미는 아르헨티나 곳곳에서 3,000명 넘는 여성을 모아 전국여성대회에 참가했다. 또한 우리는 경찰의 탄압에 맞서 거리에서 싸웠다.

아르헨티나에서 가장 규모 있는 식료품 공장을 다국적 기업이 소

거대한 녹색 스카프를 들고 시위에 참여한 빵과장미. 아르헨티나에서 녹색 스카프는 임신중지권 투쟁의 상징이다.(사진_La Izquierda Diario)

유하고 있는데, 그곳 어떤 관리자가 여성 노동자를 성희롱했을 때 우리는 이에 항의하며 작업을 중단했다. 여성 파업이 진행됐을 때 우리 동지들은 여성 살해를 규탄하며 또 다른 규모 있는 공장들에서 진짜 파업을 벌였다. '부자들을 위한 민주주의'에 대항해 우리는 민주적 권리를 위한 투쟁에서도 최전선에 나선다. 우리는 불안정 노동의 다수를 차지하며 노동자계급 내 가장 가난한 층에 속하는 여성 노동자들의 노조 결성권을 위해 싸운다. 그러나 우리 투쟁의 지평은 수많은 인간을 착취하고 억압하는 가부장적인 자본주의사회의 근본적인 변혁으로 확장된다.

✱ **멕시코** 야라 비야세뇨르는 사회학자이며 《멕시코 일간 좌파*La Izquierda Diario México*》의 편집자다. 멕시코에서 빵과장미 활동을 이끌고 있다.

멕시코는 상황이 달랐다. 의회가 아니라 대법원판결로 임신중지권이 확정됐다. 어떻게 이런 판결이 나왔나?

안드레스 마누엘 로페스 오브라도르 대통령이 이끄는 '진보' 정부는 정치적 지지가 취약한 문제를 해결하기 위해 전임 신자유주의 정부를 향한 광범한 불만을 이용할 수 있다. 하지만 그러려면 여성 살해와 폭력을 끝장내라는 요구, 더 나은 생활 조건을 보장하라는 요구 등과 같은 대중운동의 열망에 응답해야만 한다. 대법원이 낙태죄를 폐지한 이유가 여기에 있다. 최근 몇 년 동안 수많은 이들이 거리로 나와 이 요구를 외쳤다. 대법원 판결은 여성운동을 누그러뜨리면서, 점차 권위를 잃어가던 정부와 국가기구에 대한 신뢰를 끌어올리려는 시도였다.

오브라도르 정부는 어떤 역할을 했는가?

오브라도르 정부는 계속 방관하고 있었다. 상원과 하원 모두에서 여당이 다수를 차지했는데도 그들은 낙태죄 폐지 법안을 통과시키지 않았다. 대법원이 한 지역 차원에서 낙태죄에 위헌 판결을 내린 뒤에야 [멕시코 코아우일라주에서는 임신 12주 이내 임신중지를 범죄 행위로 규정하고 최대 징역 3년형에 처할 수 있게 했는데, 2021년 9월 대법원이 이를 위헌이라고 판결했다.] 여당은 다른 지역에서도 낙태죄를 폐지하겠다며 움직이기 시작했다. 이것은 오브라도르 정부하 벌어진 투쟁에서 쟁취한 승리다. 하지만 [여당의 입장 표명과는 달리] 정부는 대법원 판결이 나온 2021년 9월, 그것을 전국으로 확대 적용하는 대신, 가톨릭 세력이나 보수 우익과 원만한 관계를 유지하기로 했다. 우리는 또한 오브라도르가 여성운동이 우익의 지시를 받고 있으며 오직 정부를 불안정하게 만드는 목적을 노릴 뿐이라는 식의 적대적인 입장을 여러 차례 발표한 사실을 잊을 수 없다. 임신중지에 관해 그는 이 기본적인 권리를 국민투표에 부치겠다는 입장을 발표해 크게 원성을 샀다.

정부가 미적거리는 동안 여성운동은 어떻게 투쟁했는가?

멕시코에서 여성운동은 국제 페미니즘 운동과 발맞춰 성장해왔다. 그중에서도 아르헨티나와 칠레가 특별히 큰 영향을 미쳤다. 멕시코에서는 제도권에 합류한 페미니즘의 영향 때문에, 일부 국가기관을 상당히 신뢰하는 개량주의 의식이 압도적이다. 그러나 여성 살해, 성 소수자 혐오 범죄, 이주민 납치 사건의 90%가 처벌받지 않고 있다. 이런 폭력 때문에 사람들은 정부의 치안 계획을 믿을 수 없게 된다. 그래서 정부는 여성을 겨냥한 범죄를 맡을 새로운 지역 변호인단을 만들겠다는 정책을 세웠다. 이와 같은 처벌과 투옥 정책은 정의를 추구하는 많은 사람에게 동조를 얻었다.

많은 여성 노동자들이 불안정한 노동조건과 저임금에 맞선 투쟁, 그리고 조직화 작업을 주도 중이다. 그들은 파업과 시위를 조직하고 있지만, 경제에서 그들이 맡은 역할에 비춰보면, 놀랄 만한 사회적 힘을 가진 정치적 주체로 여전히 인정받지 못하고 있다. 실제로 이 지점이 빵과장미의 주요한 투쟁 과제 중 하나다. 우리는 여성운동이 정말 강력하기에 현재 펼쳐지고 있는 노동자투쟁을 강화할 수 있다고 여긴다. 또한 우리는 노동자계급이 페미니즘적인 요구를 채택하도록 설득하려 한다. 우리는 규모가 큰 노조들이 여성 살해와 폭력 근절, 임신중지권을 위한 투쟁에 복무해야 한다고 요청한다.

전체적으로 빵과장미는 어떤 활동을 했는가?

우리는 여성운동 내에서 노조 관료·정부·보수 우익으로부터 독립적이며, 노동자계급과 동맹을 맺고 우리의 요구 전부를 위해 투쟁하는 진영을 형성하고자 한다. 빵과장미는 멕시코에서 상당히 큰 페미니즘 단체다. 우리는 시위에 1,000여 명을 모을 수 있으며, 사회주의 페미니즘 전망으로 현장과 학교에서 사람들을 조직한다. 다른 단체와 함께 전국적인 임신중지권 운동을 벌이기도 한다. 우리는 여성운동에서 계급투쟁 진영을 건설하려 한다. 해고, 복지 축소, 불안정한 노동조건에 맞서서, 그리고 전국에서 합법적이고 안전한 무상 임신중지권을 쟁취를 내걸고 거리에서 투쟁하기 위해서다.

✳ **칠레** 알레한드라 데캅은 칠레대학교에서 언어학을 배우고 있다. 그는 《칠레 일간 좌파 _La Izquierda Diario Chile_》에서 젠더와 섹슈얼리티 섹션 편집자로 일하면서 '빵과장미-테레사 플로레스'를 이끌고 있다.

칠레에서는 최근 항쟁이 있었다. 2019년 10월부터 신자유주의 정권에 항의하며 수백만 명이 거리로 나왔다. 지금은 학생운동 리더 출신인 가브리엘 보리치가 새 대통령이 됐고, 9월에 새 헌법 투표가 예정돼 있다. 이런 흐름 속에서 어떻게 임신중지권을 쟁취했는가?

얘기를 시작하려면 이 점을 아주 분명하게 짚어야 한다. 제헌 절차와 보리치의 당선은 투쟁의 김을 빼고 10월 항쟁의 방향을 틀어버리는 데 기여했다. 보리치는 좌파로서 선거에 나갔지만, 지금은 칠레 자본가들과 미국 제국주의와 손잡고 통치 중이다. 새 헌법 초안이 일부 권리를 인정하고는 있지만, 그 목표는 정치체제를 '현대화'하는 것, 지난 항쟁으로 흔들린 통치력을 복원하는 것이다. 이 새 헌법은 자본 축적 구조의 뼈대, 독재를 계승한 체제의 뼈대를 보존할 것이다. 여러 핵심 쟁점이 있는데, 그것은 AFP로 불리는 사적연금 계획을 폐기하지 않을 것이며, 대통령 체제와 특권적인 상원 구조를 유지할 것이고, 천연자원 약탈을 계속 허용할 것이다.

지금 칠레에서 임신중지권은 어떤 상태인가?

독재 치하에서 작성된 기존 헌법은 임신중지를 금지했다. 새 헌법에서는 금지 조항이 삭제됐다. 하지만 여전히 임신중지권을 보장하기 위한 법률도 없고, 예산도 배정되지 않았다. 그러니까 칠레에서는 아직 임신중지권이 없는 셈이다. 합법화되지 않았고, 안전하지 않으며, 무상도 아니다. 포괄적인 성교육도 이뤄지지 않는다. 새 헌법은 모두를 위한 성과 재생산 권리를 인정할 텐데, 이는 임신중지권을 위해 페미니즘 운동이 수년간 투쟁한 성과다. 빵과장미에서 활동하는 우리는 새 헌법에 대해 환상을 품지 않는다. 그러나 국민투표와 관련해서는, 반대투표를 선동하는 우익과 보수 세력에 맞서자고 사람들에게 호소하며, 새 헌법 내용을 한층 더 후퇴시키려 골몰하는 기존 중도좌파 정당들에도 맞서야 한다고 호소한다.

임신중지권에 관해 보리치 정부는 어떤 역할을 하고 있나?

보리치 정부가 페미니즘과 여성 투쟁에 대해 많은 얘기를 하지만, 전반적으로 그들의 입장은 훨씬 더 온건해졌다. 성폭력에 대해 강령적으로는 엄벌 조치를 제시하고 있지만 실제로는 경찰차에 무지개 깃발을 달아 놓는 수준이다. 정부는 자신의 온건한 정책에 좌파 색채를 칠하려고 페미니스트의 언어를 사용한다. 정권을 쥔 정치 연합 '존엄에 찬성한다(Apruebo Dignidad)'는 공산당과 '넓은 전선(Frente Amplio)'을 포함하는데, 이들은 자신을 제헌 절차의 수호자로 내세웠다. 하지만 지금 그들의 태도는 어정쩡하게 변했다. 30년간 이 나라를 이끈 뒤 지난 항쟁으로 도전받았던 낡은 중도좌파 연합에 압박 받고 있기 때문이다.

칠레에서 빵과장미는 어떤 활동을 하고 있는가?

우리는 여러 현장과 대학에서 사회주의 페미니즘 교육을 벌인다. 공장과 병원, 학교에서 여성위원회를 조직한다. 병원과 어린이집에서 일어난 노동자 파업에도 참여해왔다. 또한 우리는 혁명적 사회주의자들의 공동 활동으로서 총선에 사회주의 페미니즘 후보를 내세운다. 우리는 억압과 착취에 대항하는 모든 진보적인 투쟁에 개입하면서, 혁명과 사회주의를 위해 투쟁하는 여성과 성 소수자들의 전투적인 운동을 건설하려 한다.

칠레에서는 빵과장미에 테레사 플로레스라는 이름이 붙어 있다. 플로레스는 어떤 사람인가?

플로레스는 칠레의 노조 지도자로서 페미니스트이자 공산주의자였다. 1912년에 만들어졌고 나중에는 공산당으로 당명을 바꾼 사회주의노동자당의 창립자 중 유일한 여성이었다. 일생의 동반자인 루이스 에밀리오 레카바렌과 함께 그는 초석 광산 노동자들을 조직했고, 그들에게 자본가의 착취에 맞선 투쟁을 위한 정치적 수단을 제공하려 했다. [세계 최대 규모의 초석 생산지가 칠레에 있다. 제1차 세계대전 이후 실업과 빈곤이 만연한 상황에서 초석 광산 노동자들도 격렬한 파업을 벌인 바 있다.] 또한 플로레스는 노동자계급 여성들을 조직했고, 주부위원회도 꾸렸다. 노동자계급 여성들이 토론하고 스스로 교육할 수 있는 공간도 만들어냈다.

미국에서 임신중지권을 다시 쟁취하기 위해 싸우고 있는 사람들에게 한 말씀 해달라.

우리의 모든 권리를 쟁취하기 위한 유일한 길은 조직을 만들고 거리에서 투쟁하는 것이다. 2019년 칠레 항쟁에서 배운 주요한 교훈이 있는데, 지난 30년간 우리의 삶보다 이윤을 중시하는 체제를 지키는 데 전념해온 정당들을 신뢰해서는 안 된다는 것이다. 우리는 우리 자신의 힘과 투쟁만 믿어야 한다. 그래야 우리의 요구를 쟁취할 수 있다. 자본주의가 지속되는 한, 그 어떤 승리도 영구적일 수 없다. 바로 이 때문에 우리 몸을 구속하는 억압에 맞선 투쟁은 고통과 야만으로 가득 찬 이 체제를 끝장내기 위한 투쟁과 직접 연결돼야 한다.

—

인터뷰 너새니얼 플라킨 글 · 오연홍 옮김
Nathaniel Flakin, "How We Won Abortion Rights"
2022년 7월 17일 《레프트 보이스》에 영어로 게재됨.

트랜스젠더 동료를 지키기 위해 파업에 나선 노동자들

좌파는 노동자의 요구를 위해 싸워야 하는가, 아니면 트랜스젠더의 권리를 위해 싸워야 하는가? 우리는 노동자 중심성을 지향해야 하는가, 아니면 차별 없는 다양성을 지향해야 하는가? 이런 질문은 종종 상호 배타적인 것처럼 제기된다. 하지만 모두의 동등한 권리를 위해 노동자들이 투쟁할 때, 그것이 곧 노동자계급의 이익을 위한 투쟁이 된다는 걸 보여주는 아르헨티나 공장의 사례가 있다.

부에노스아이레스 북쪽에 위치한 도널리 공장은 아르헨티나 최대의 인쇄 공장으로, 전 세계 주문 고객을 위한 고품질의 잡지를 제작하고 있다. 2014년 8월 12일, 노동자들이 인쇄소를 접수했다. 이후 그들은 자체 관리하에 생산을 계속하면서 낡은 공장을 마디그라프라는 협동조합으로 탈바꿈시켰다. 이 점거는 공장 노동자 400명 중 123명을 해고하겠다는 경영진의 계획에 반발하며 시작됐다. 그러나 이게 가능했던 이유는 노동자들의 오랜 조직화 과정이 있었기 때문이었다.

모든 차별에 반대하며

✖ ✖ ✖

그 과정에서 중요한 발걸음 중 하나로서 트랜스젠더 동료의 권리를 지키기 위한 싸움이 있었다. 사장들은 인쇄기를 돌리는 작업에 남성만 고용하는 성차별 정책을 취했다. 노동자 중에 트랜스젠더 여성이 있었는데, 그는 일자리를 얻기 위해 남성복으로 자신을 감춰야 했다. 이것은 경제적 절박함에 떠밀린 트랜스젠더들이 살아가는 데 충분한 생계비를 마련할 것인지, 아니면 자기 정체성을 표현할 권리를 보장받을 것인지 사이에서 선택을 강요받는 상황을 보여준다. 그가 처음으로 평소에 입는 여성 옷차림으로 출근하자 사장들은 반발했다. 그들은 그가 (사무직 노동자들을 위해 마련된) 여자 화장실을 사용하는 걸 금지하려 했고, 남성과 같은 탈의실을 쓰도록 강요했다.

노동자위원회는 행동에 나섰다. 총회에서 성 소수자에 대한 편견에 반대하는 주장을 펼쳤고, 자신의 성 정체성을 표현할 수 있는 동료의 권리를 지지하는 데 표를 던졌다. 도널리 공장에는 여성을 위한 탈의실이나 화장실이 없었다. 그래서 노동자위원회는 그것을 설치할 것을 요구했다. 또한 그들은 트랜스젠더 노동자가 여성 화장실을 사용할 수 있도록 해줄 것을 요구했다.

어떻게 이런 일이 가능했을까? 마초 근성으로 정평이 난 이 나라에서, 대부분 남성으로 이뤄진 공장 노동자들이 어째서 트랜스젠더 권리에 기치를 올릴 수 있었을까? 이는 친지아 아루짜가 생생하게 묘사한 2011년 공장 내 여성위원회 구성과 관련이 있었다. 그러나 여성위원회 자체는 일찌감치 이뤄진 정치적 작업의 산물이었다.

원칙을 지키는 운동

✄ ✄ ✄

사회주의 페미니스트인 다트리가 유럽에서 열린 강연에서 지적했듯이, "마디그라프 노동자의 사례는 수많은 학술 논문의 주제가 돼왔다. 그러나 이들 논문의 대부분은 공장점거가 어떻게 일어났는지 설명하지 못한다. 간단한 진실이 있는데, 이 투쟁을 트로츠키주의자들이 주도했다는 점이다."

트로츠키주의 정당인 사회주의노동자당은 다년간 도널리 공장에서 활동을 펼쳐왔다. 그들은 노동자들 사이에서 관료주의에 반대하며 계급투쟁의 흐름을 만들어냈고, 노동자위원회에서 다수를 차지했다.

마디그라프 노동자들은 정규직과 비정규직의 단결을 일궈냈고, 공장 안팎을 연결하는 여성위원회를 조직했으며, 트랜스젠더 노동자의 권리도 지켜냈다. 이것은 곧 노동자의 힘을 드높이는 과정이었다.

그들은 노동자계급의 독립성, 노동자 민주주의, 페미니즘의 원칙을 지켰다.

트로츠키주의자들과 수년간 논의를 거치며 많은 도널리 공장 노동자들은 자신의 이익을 지키기 위해서는 모든 종류의 억압과 싸워야 한다는 걸 이해했다. 트랜스젠더 권리라는 사안에서 노동자가 승리함으로써, 노동자는 자신이 지닌 힘에 자신감을 얻었을 뿐 아니라 단체행동의 필요성도 이해했다.

트랜스젠더에 대한 편견에 맞서 싸우는 과정에서 노동자 단결이 강화됐고, 이후 벌어질 대량 해고에 맞선 투쟁도 준비할 수 있었다. 일부 노동자가 겪는 특정한 억압에 맞서 싸우는 게 노동자계급을 분열시키는 건 아니다. 정반대. 억압이 노동자계급을 분열시키고, 억압에 대항하는 투쟁은 우리를 단결시킨다.

모든 억압에 맞서면서 단결을 강화한다

✄ ✄ ✄

오늘날 사회주의 좌파에 대한 논쟁은 흔히 마치 좌파가 노동자의 이익을 옹호하는 것과 트랜스젠더로서 억압당하는 사람들의 권리를 위해 싸우는 것 중 하나를 선택해야 하는 것처럼 들린다. '이거냐 저거냐'라는 식이다. 그러나 그렇지 않다. 노동자가 억압에 대항한 모든 투쟁에 앞장설 때, 사장에 대항하는 데서도 효과적으로 똘똘 뭉칠 수 있다. 진정한 단결은 동등한 권리라는 기초 위에서만 이뤄질 수 있다.

현재 마디그라프 노동자들은 하루 8시간 노동과 더 높은 임금, 그리고 지속적인 고용안정을 누린다. 마디그라프 총회 결정에 따라 여성위원회에서 활동하던 많은 주부가 이제는 노동에 참여해 이전 소유주가 시행했던 성차별적 고용 정책을 폐지했다. 공장은 이제 무상 보육을 제공한다. 여성위원회는 현재 아르헨티나 임신중지권 운동의 선봉에 서 있다.

무엇보다 마디그라프 노동자들은 지금 민주적 총회를 활용해 그들의 일터를 통제하고 있다. 그들은 공장에서 다른 직무로 순환할 수 있고, 새로운 기술을 배울 수 있다. 그렇다고 상황이 완벽하다는 뜻은 아니다. 자본주의 시장에서 협동조합을 운영하는 것은 항상 어렵지만, 아르헨티나의 경제위기와 치솟는 인플레이션을 감안하면 더욱 그렇다. 노동자들이 노동자의 통제하에 몰수를 요구하는 이유가 여기에 있다. 국가가 공장 자금 조달의 책임을 떠맡아야 한다. 이 협동조합을 유지하기 위해서는 축제 같은 문화 활동도 필요하다.

이 모든 것은 전적으로 다수의 남성 노동자가 트랜스젠더 동료를 지켜내는 것의 중요성을 이해했기 때문에 가능했다.

—

너새니얼 플라킨 글 · 오연홍 옮김
Nathaniel Flakin, "When Workers Went on Strike to Defend a Trans Colleague—
and Ended Up Occupying Their Factory"
2019년 6월 22일 《레프트 보이스》에 영어로 게재됨.

빵과장미는
여성이 혁명적 정치로
나아가기 위한 통로

인터뷰 | 아르헨티나 빵과장미에서 활동하는 셀레스테 무리쇼와의 대화

빵과장미는 언제, 어떻게 만들어졌나?

빵과장미는 아르헨티나 사회주의노동자당의 관련 단체로 출발했다. 하지만 사회주의노동자당 당원이 아니더라도 빵과장미 회원이 될 수 있다.

아르헨티나는 2001년 경제위기를 거치면서 여성의 요구가 대중적으로 터져 나오기 시작했다. 특히 아르헨티나에서 불법으로 규정된 임신중지권에 대한 요구가 컸다. 사회주의노동자당은 2003년 전국여성대회에 참여하면서 임신중지권과 여성 노동자의 권리 요구를 결합하자고 주장했다. 임신중지권을 위해 투쟁해야 하지만, 그 요구는 여성 노동자의 권리와 분리되지 않고 함께 가야 한다는 입장이다.

전국여성대회를 마친 뒤 우리는 같은 입장의 무소속 활동가들과 함께 빵과장미를 결성했다. 빵과장미라는 이름은 20세기 초 미국의 로런스 섬유 노동자 파업에서 따왔다. 경제적 권리[빵]뿐 아니라 여성 권리[장미]를 위해서도 투쟁해야 한다는 점을 잘 표현해준다. 이 두 가지가 페미니즘 운동에서 흔히 분리되는데, 둘은 하나로 굳게 결합해야 한다.

아르헨티나에서 빵과장미는 어떤 활동을 하고 있나?

빵과장미는 페미니즘에 관심을 갖게 된 이들이 사회주의 사상에 접근할 수 있는 경로로 작동하고 있다. 우리는 여러 권의 책자를 발간했는데, 특히 여성 억압이 자본주의와 어떻게 관련되는지 다뤘다. 우리는 스스로를 마르크스주의 페미니즘이라고 규정한다. 하지만 아르헨티나 여성운동 안에서 좌파는 사회주의 페미니즘으로 알려져 있다. 이것은 미국 여성운동 내 이론적 조류인 사회주의 페미니즘과는 다른 대중적 개념이다.

빵과장미를 대표하는 사람들은 여성 노동자들이다. 우리는 민주적 권리를 위해서도 투쟁하지만, 작업장에서 여성 노동자 조직화를 위해서도 열심히 투쟁한다. 노동자 자주 관리로 운영되는 인쇄소 마디그라프의 여성위원회가 그런 사례다. 우리는 전국여성대회에도 참여하지만, 여성과 노동자계급이 자기 조직을 가질 수 있게 하는 데에도 큰 노력을 기울인다. 특히 여성과 노동자들이 노동조합 내부위원회 같은 노동자계급 조직에 적극적으로 참여할 수 있도록 하려 한다.

마디그라프 공장에서 여성위원회가 만들어지고 남성과 여성 노동자의 단결을 위해 활동했다고 들었다. 한창 마디그라프 점거 투쟁이 진행될 때 공장 바깥에서 빵과장미는 어떻게 연대활동을 했나?

빵과장미는 공장 폐쇄 전에 있었던 여성위원회의 모든 활동을 지원했다. 애초에 여성위원회 설립을 빵과장미가 도왔다. 원래 마디그라프에는 남성 노동자만 있었다. 그래서 우리는 노동자의 아내·딸·친구를 모아 여성위원회를 만들었다. 여성위원회가 가장 먼저 한 일은 정리해고에 맞선 투쟁이었다. 아르헨티나에서 여성운동이 강한 장점을 활용했다. 여성위원회는 여러 여성 조직에 연대를 제안하고, 작업장과 학교에서 집회를 열고, 모금을 했다.

우리는 이 생각을 1930년대 미국의 트로츠키주의 조직에서 가져왔다. 당시 작업장에서 일하던 노동자는 대부분 남성이었다. 그래서 여성들은 지역사회에서 활동을 조직했다. 오늘날에는 여성도 다 일을 하니까 환경이 다르긴 하지만 그 경험에서 차용할 부분이 있다고 봤다. 이 시도는 아주 잘 먹혔다. 특히 작업장에 있는 여성 노동자들을 조직하는 데 아주 효과적이었다.

빵과장미는 아르헨티나뿐 아니라 라틴 아메리카 여러 나라와 유럽에서도 활동하고 있는 것 같다.

우리는 빵과장미를 국제조직으로 건설하기로 결정했고, 이제 세계 곳곳에 빵과장미가 있다. 빵과장미는 중심 사상을 정리한 〈국제 선언문〉을 갖고 있다.

하지만 빵과장미는 나라마다 각자의 방식으로 조직돼 있고, 국제적으로 느슨한 관계를 유지한다. 여성이 고통을 겪는 문제가 나라마다 다르기 때문이다. 각 나라의 여성은 스스로 가장 중요하다고 생각하는 문제에 더 강조점을 둔다. 세계 곳곳에 건설돼 있는 각각의 빵과장미는 〈국제 선언문〉의 범위 안에서 자신의 정치를 결정하고 있다.

사회주의노동자당은 혁명 활동에서 여성과 남성을 분리해서 조직해야 한다고 생각하지 않는다. 우리는 여성과 남성이 함께 참여해야 한다고 본다. 빵과장미는 페미니즘이나 여성운동이 활발한 나라에서 여성이 [부분적 목표에 멈추지 않고] 혁명적 정치운동으로 나아갈 수 있는 길을 열기 위한 수단이다. 빵과장미는 여성 문제를 토론하면서 혁명적 정치로 나아가기 위한 공간이지, 여성과 남성을 분리하기 위한 조직이 아니다.

사회주의노동자당은 여성만의 분리주의 운동을 추구하지 않는다고 말했다. 그런데도 빵과장미 같은 별도 단체를 만든 이유는 무엇인가?

나도 그 점을 명확히 하고 싶다. 혁명적 투사로서 우리는 성별로 분리된 조직이 필요하다고 생각하지 않는다. 그런데 여성이 억압받는 자본주의사회에서, 성적 억압에 맞선 투쟁은 혁명적 사상에 다가가는 경로가 될 수 있다. 또한 빵과장미 같은 여성단체를 만드는 일이 특히 젊은 여성들을 만나는 유용한 경로가 될 수 있다는 게 입증됐다. 이것은 좌파 정당이 노동조합 같은 전통적인 방식으로 영향력을 발휘하기 어려운 사업장에서 일하는 여성 노동자들과 만날 수 있는 경로이기도 하다.

우리는 빵과장미가 여성운동의 좌파로 활동하는 게 최선이라고 생각한다. 빵과장미는 정치단체다. 그래서 정치강령을 갖고 있고, 정치 활동을 한다. 좌파 정당은 운동에 참여하는 자신의 방법을 갖는 게 중요하다. 빵과장미는 여성운동에 참여하는 우리의 정치적 전술이다.

젊은 여성 노동자, 청년 등과 용이하게 결합하기 위해 빵과장미를 활용하는 건데, 그렇다면 당 안에 별도의 여성위원회는 없나?

그렇다. 빵과장미는 여성운동에 참여하는 정치적 전술이며, 아르헨티나에 여성운동이 강력하기에 시작할 수 있었던 활동이다. 만일 누군가가 페미니스트라면, 사회주의노동자당을 만나는 가장 일반적인 경로는 빵과장미를 통하는 것이다. 물론 빵과장미는 젊은 여성이 사회주의노동자당을 만나는 유일한 경로는 아니다. 하나의 경로일 뿐이다.

그리고 빵과장미 전술은 운동 속 일부 편견, 특히 좌파 정당에 대한 편견에 맞서는 데도 유용하다. 빵과장미 전술은 페미니스트들 속에서 우리의 강령과 사상을 보여주는 방법이다. 우리는 사회주의 페미니스트 또는 마르크스주의 페미니스트 조직으로 여성운동에 참여하며 그들에게 다가간다. 그래서 빵과장미는 학생이든 노동자든 젊은 여성이 혁명적 사상을 알게 되는 더 쉬운 경로로 작동한다.

빵과장미가 활동하는 방식은 나라마다 다르다. 앞서 말했듯이 아르헨티나에서는 임신중지권 문제가 중심이다. 하지만 멕시코에서는 여성 폭력 반대가 주된 투쟁이며, 프랑스에서는 이주여성 문제가 정말 중요하다. 물론 빵과장미는 어느 나라에서나 마르크스주의 페미니스트 조직이다.

우리는 마르크스주의를 토대로 우리 관점을 설명하려 노력한다. 물론 이것도 나라마다 다르긴 하다. 예를 들어 아르헨티나에서는 몇 년 전만 해도 남성우월주의와 자본주의가 결합해서 동시에 작동한다는 게 상식으로 받아들여지지 않았다. 이제는 마르크스주의 페미니스트들이 그걸 상식으로 바꿔놓았다.

마르크스주의 페미니즘과 사회주의 페미니즘은 서로 다른 개념으로 사용되기도 한다. 동지들은 마르크스주의 페미니즘을 지향한다고 했지만, 기사에서는 사회주의 페미니즘을 쓰기도 한다. 페미니즘이라는 말 자체가 분리주의 경향을 나타내기 때문에 받아들여선 안 된다는 주장도 있는데, 이에 대한 견해가 있는가?

여성 억압에 대한 이론적 경향이라는 관점에서 보자면, 우리는 사회주의 페미니즘이 아니라 마르크스주의 페미니즘이다. 하지만 아르헨티나에서는 사회주의 페미니즘이 우리 관점을 설명하는 가장 좋은 방법이라 그렇게 쓴다. 페미니스트이면서 동시에 사회주의를 추구한다는 점을 쉽게 표현해준다.

용어 사용은 어디에서 활동하느냐에 달려 있다고 본다. 예컨대 아르헨티나에서 마르크스주의 페미니즘이라고 얘기하면 생뚱맞게 들릴 것이다. 그러나 사회주의 페미니즘이 특정한 이론적 경향으로 존재하는 미국에서 활동한다면, 우리는 마르크스주의 페미니즘이라고 해야 할 것이다. 우리는 나라마다 서로 다른 이름을 갖고 있다. 어떤 나라의 빵과장미는 자신을 스스로 페미니스트라고 부르지만, 또 다른 나라에서는 자신을 페미니스트라고 부르지 않는다. 그건 많은 부분 그 나라의 정치적 전통에 달려 있다. 또 아르헨티나를 비롯한 많은 나라에서 마르크스주의 페미니즘이 스탈린주의와 관련돼 있다고 받아들여진다. 실제로도 계급 환원론과 관련돼 있어 문제가 많다. 그 점 때문에도 우리는 사회주의 페미니즘이라는 용어를 사용한다. 한국에서는 어떤 경향이 주류인가?

한국은 미국의 영향을 강하게 받아 래디컬 페미니즘이 다수를 이루고 있다. 우리는 마르크스주의 페미니즘을 만들어 나가려고 고민하는 단계다.

아르헨티나에서도 마르크스주의 페미니즘은 여성운동 내에서 소수다. 하지만 래디컬 페미니즘은 훨씬 더 소수다. 아르헨티나 여성운동의 주류는 키르치네르주의(페론주의)다. 그들은 대선후보로 페르난데스를 지지했다.

아르헨티나 여성운동에서는 정치사상에 대해 토론을 거의 하지 않는다. 거리 대중시위를 통해 임신중지권 같은 실질적인 문제에 집중한다. 2015년에는 여성 폭력 반대가 주된 요구였는데, 최근에는 이슈가 임신중지권으로 바뀌었고 활발한 대중운동이 됐다.

아르헨티나 여성운동 내에서 소수인 래디컬 페미니즘 같은 경향을 빵과장미는 어떤 태도로 보는가?

래디컬 페미니스트들과는 관계가 많지 않다. 합의 지점이 거의 없기 때문이다. 토론하면 큰 견해 차이를 느낀다. 예컨대 아르헨티나에서는 트랜스젠더 운동이 꽤 강하다. 그들은 여성운동에도 오랫동안 참여해왔다. 그런데 최근 래디컬 페미니스트들이 나타나 '여성은 누구인가'라며 트랜스젠더를 배척하는 주장을 했고, 우리는 거기에 동의할 수 없었다.

래디컬 페미니즘에 대해 한 가지만 더 얘기하겠다. 그 경향에는 젊은 여성이 많다. 나는 왜 오늘날 젊은 여성이 래디컬 페미니즘을 대안으로 보려 하는지 충분히 이해한다. 하지만 나는 그것이 억압에 맞서는 올바른 방법이 아니라고 그 여성들을 설득하려 한다. 남성과 분리된 채로는 억압에 맞서는 힘을 약화할 뿐이니까.

동지들이 하고 있듯이 임신중지권 운동이나 여성 살해 반대 운동 등에 개입해야 한다는 것에 우리 역시 공감한다. 그런데 현장의 노동자투쟁에서 출발하지 않은 여성운동 속에서 노동자 계급의식은 어떻게 발전시키고 있는가?

이 얘기부터 하고 싶다. 우리는 노동자계급 의제와 여성 의제 사이에 경계가 없다고 생각한다. 여성 억압과 관련된 문제로 고통받는 여성 대다수가 노동자계급 여성이기 때문이다. 바로 그런 이유로 우리는 여성운동 안에서 노동자계급 관점을 갖는 게 중요하다고 설명한다. 또한 작업장과 노동자 조직에서 그런 문제들이 단지 여성 의제가 아니라 노동자계급 의제라는 점을 적극적으로 토론에 부친다. 우리는 노동조합이 여성 권리를 위해 투쟁하라고 공개적으로 요구한다.

예를 들면 이런 식이다. 여성운동에서는 시위 때 내걸 요구를 토론하는 여러 회의가 열린다. 우리는 그런 회의에 가서 "여성 권리를 위해 노동조합이 총파업에 나서도록 호소하자"고 주장한다. 그런 회의에는 노동조합의 여성 조합원들도 오기 마련인데, 그들은 자기 노동조합이 여성의 요구를 채택하도록 투쟁하고 있지 못한 경우가 많다. 그래서 우리는 그들과 함께 이 문제를 해결하기 위해 싸운다. 그리고 노동조합 안에서 우리는 "노동자계급 조직들이 이 요구를 채택하는 게 정말로 중요하다"고 주장한다. 조직 내 절반이 여성이고, 임신중지 과정에서 사망하는 여성 대다수가 노동자계급 여성이기 때문이다.

또 다른 예를 들어보자. 3월 8일 국제 여성의 날에 대중집회가 열리면, 우리는 거기에 가서 말한다. "나는 빵과장미에서 온 셀레스테라고 한다. 우리는 오늘 여성의 날을 맞아 임신중지권을 주장한다. 이것은 무엇보다 노동자계급 여성의 문제다. 따라서 노조가 총파업에 나서도록 요구하는 게 정말로 중요하다고 생각한다." 이런 식으로 실질적인 토론을 붙이는 것이다. 작업장에서도 같은 방식으로 한다. 다시 한번 말하지만, 노동자계급 의제와 여성 의제 사이에 경계는 없다.

지난 몇 년 동안 우리는 가장 큰 노총인 CGT 앞에 가서 여성 권리를 위해 총파업에 나서라고 집회를 열어왔다. 그들이 아직 총파업에 나서진 않았지만, 이것은 여성 권리를 쟁취하는 길을 보여주기 위한 실천이다. 또 우리가 작은 힘이라도 지닌 사업장에서는 모범 사례를 만들려고 노력한다. 우리는 국제 여성의 날에 여성 권리를 내건 총파업이 필요하다고 주장하는데, 이와 관련해 우리가 힘을 가진 사업장에서는 단

몇 시간짜리 상징적인 파업이라도 조직한다. 이를테면 펩시코 공장의 여성위원회는 4시간의 상징적인 파업을 조직했다. 도심의 국내선 공항 노조에서도 우리는 작은 파업을 조직했다. 병원과 교사 노조에서도 파업을 조직했다. 그런 식으로 뭔가를 할 수 있는 곳에서 실제로 실행하는 건 우리의 사상을 보여주는 실천적인 방법이다. 여성의 날 파업은 그 이전에 있었던 많은 작은 행동, 이를테면 젠더 폭력에 대한 수많은 토론이 만든 결과물이다.

여성 억압이라는 사회적 의제에 대해, 노동자가 노동자의 방식으로 싸우게 하는 거라고 이해하겠다. 여성 문제를 노동자와 분리된게 아니라 노동자투쟁의 일부로 만드는 방식으로 말이다. 아르헨티나에서는 임신중지권 운동을 누가 주도하고 있나?

임신중지권 운동은 너무 광범위해서, 어떤 조직도 이 운동을 주도하고 있지 않다. 대신 전국임신중지권운동이라고 불리는 우산형 조직이 있다. 모든 종류의 정치조직이 여기에 참여했다. 이 캠페인 조직이 임신중지 합법화 프로젝트를 위해 처음 집회를 주최했을 때, 200명 정도 참여하리라 예상했다. 그런데 예상을 깨고 만 명이 모였다. 아주 자생적인 운동이었다. 임신중지권 운동은 굉장히 젊은 운동이다. 운동의 핵심층은 고등학생이다. 13세부터 운동에 참여했다.

이 캠페인 조직에서 우리는 많은 요구안을 토론했다. 임신중지권은 큰 운동의 작은 일부였다. 정부에 대한 불만, 젠더 폭력 문제, 경제적 문제 등이 모두 합쳐진 복잡하고 다양한 운동이었다. 임신중지권은 단

녹색 스카프를 들어 보이는 셀레스테 무리쇼.

지 더 큰 운동의 방아쇠 역할을 한 것이다.

　이 운동은 참여자들이 의회를 믿었다는 점에서 개량주의적 논리를 가졌다. 하지만 이 운동에서 가장 진보적인 점은 임신중지권을 위해 많은 젊은 여성이 싸웠다는 점이다. 그들은 노동자계급 여성, 가난한 여성이 임신중지 문제에 가장 취약하다는 걸 안다. 아르헨티나에서 임신중지가 불법이긴 하지만, 만약 당신이 수도에 사는 중산층 여성이라면 안전한 임신중지를 하는 건 매우 쉽다. 하지만 당신이 수도 바깥에 산다면, 원치 않는 임신은 악몽이며 매우 심각한 문제다. 이 운동에 참여한 젊은 학생, 여성은 이 문제를 매우 의식하고 있다.

　또 이 운동은 노동자계급 여성에게, 그리고 남성에게도 매우 진보적인 영향을 줬다. 이 운동은 다수 대중에게 문화적·사회적 영향을 미쳤다. 많은 사람이 이 운동의 상징인 녹색 스카프를 둘렀다.

빵과장미의 도전

운동 전에는, 작업장에서 노동자가 "난 임신중지권을 지지한다"라고 말하는 건 상상도 못할 일이었다. 이제는 젠더 폭력이나 성별 격차 같은 문제에 대해서도, 다른 많은 문제처럼 공개적으로 토론할 수 있게 됐다.

한국에서 노동자계급 운동은 여성 의제를 자신의 요구로 잘 내걸지 못하고 있다. 노동자 운동과 여성운동이 분리돼 있고, 이를 하나로 융합하는 것이 우리의 과제라 생각한다.

여성 의제와 노동 의제가 연결돼 있다는 건 부정할 수 없는 사실이다. 아르헨티나 좌파 전반은 젊은 여성이 임신중지권을 위해 거리 투쟁을 하는 게 특히 여성 노동자에게 힘을 실어준다고 믿는다.

나는 페미니즘 논쟁에서 쓰는 '임파워먼트(권한 강화)'라는 단어를 별로 좋아하진 않는데, 이 경우엔 분명 거리에서 구호를 외치며 저항하는 젊은 여성들 덕분에 여성 노동자들이 '임파워먼트'되는 것 같다. 이것이 내가 이 운동의 진보적 영향을 얘기하는 이유다. 비록 아직은 개량주의적 사고에 그칠지라도, 작업장에서 여성들이 (그럴 권한이 없다고 믿었던 과거와 달리) 자기 권리를 위해 투쟁할 수 있다고 여기는 일이 많이 생기고 있다.

—

인터뷰 및 정리 양동민, 2020년 3월 8일

2장

멀리 내다보며
전진하기

우리 페미니즘은
'반자본주의'여야 한다

"페미니스트가 아닌 사회주의자는 시각이 좁고, 사회주의자가 아닌 페미니스트에게는 전략이 결여돼 있다."

(루이스 니랜드, 1914년)

2017년 3월 8일, 전 세계 곳곳에서 여성이 대도시 중심지를 행진했다. 오랫동안 '국제 여성의 날'은 소수 페미니스트 단체나 좌파 단체에게 대체로 상징적인 기념행사 정도로 그쳤다. 이번 국제적인 파업을 향한 호소는 국제 여성의 날의 의미를 되살려냈다. 올해[2017년]는 수백만 명이 여성의 날을 자신의 날로 선포했다. 그들은 작업장과 학교에서 행동을 조직했고, 대규모 시위에 참여했다. 미국부터 나이지리아·인도네시아에 이르기까지 전 세계 50여 개 나라에서 크고 작은 시위가 일어났다.

스페인 마드리드의 지하철역 그란비아는 행진이 시작되기 몇 시간 전부터 완전히 폐쇄됐다. 유럽의 거의 모든 수도에서 이 국제행동에 동참했다. 우루과이 몬테비데오에서는 수천 명이 거리로 나갔으며, 노조 총연맹 주도로 6시간 파업이 진행됐다. 미국에서는 1월 21일에 전국 추산 300만 명이 참여한 기록적인 여성 행진 이후, 3월 8일에는 시위가 급증했고, 이는 제국주의의 심장부에서 오랫동안 사라진 전통을 되살렸다.

페미니스트 조직이나 노동조합, 정당의 선언문을 읽지 않았더라도, 전 세계 여성은 성차별적 폭력, 여성에게 고통을 안겨주는 불안정한 노동조건, 여성을 종속시키는 불합리한 불평등, 그리고 여성의 삶을 규정하는 끊임없는 두려움에 대한 분노를 표현했다.

아르헨티나에서는 노조 관료들이 의도했던 것보다 훨씬 더 큰 규모로 벌어진 파업에 이런 분노가 투영됐다. 펩시코 공장에서는 새벽 5시부터 파업이 시작됐다. 현재의 노동조합 지도부에 반대하는 현장위

2016년 전국여성대회에 참여한 빵과장미.(사진_아르헨티나 빵과장미 트위터)

원회가 노동자 총회를 소집했고, 거기에서 진행된 투표를 바탕으로 결행한 파업이었다. 부에노스아이레스 공항에서는 라탐항공 노동자들이 체크인 서비스를 중단했다. 역시 노동조합 지도부에 반대하는 노동자들이 조직한 총회를 거쳐 추진된 파업이었다.

사회주의 여성단체인 빵과장미의 활동은 이들 두 파업의 중심축을 형성하는 데 일부가 됐고, 다른 남성과 여성 노동자들의 활동과 더불어 3월 8일 파업을 조직하는 투쟁에서 빼놓을 수 없는 요소였다. 병원에서도 셀 수 없이 많은 부분 파업과 시위가 있었다. 교사들도 중요한 역할을 했다. 그들은 여러 교사 노조가 정부와 투쟁하는 한복판에서 파업에 복무하도록 밀어붙였다.

법 앞의 평등이 실제 삶에서의 평등을 뜻하진 않는다

✳ ✳ ✳

3월 8일 대중시위와 투쟁이 재개된 것을 어떻게 설명할 수 있는가? 많은 사람이 여성은 이미 평등을 얻었다면서 이런 시위를 비판한다. 하지만 여전히 진행 중인 자본주의의 위기와 함께 긴축 조치와 재정삭감이 많은 이에게 영향을 미치면서, 이미 쟁취한 권리(적어도 제국주의 나라들과 우루과이 같은 몇몇 반식민지 나라에서는 임신중지와 동성결혼을 합법화했다)와 여성 다수의 실제 현실 사이에 모순이 깊어지고 있는 게 현실이다. 이런 경제적 현실은 국가와 제도가 공모한 끊임없는 성차별적 폭력과 뒤섞인다. 그러나 권리가 확장되면서 수백만 여성이 눈을 떴으며, 더 나은 삶을 향한 열망도 커졌다. 여성을 속박하는 가혹한 현실이 분노의 감정에 불을

붙였다. 수십 년간 이어진 신자유주의를 거친 뒤, 경제위기와 그것의 모든 사회적 결과는 "법 앞의 평등이 곧 실제 삶에서의 평등을 뜻하진 않는다"는 점을 점점 더 선명하게 보여준다.

3월 8일에 열린 거대한 시위는 하룻밤 사이에 등장한 게 아니다. 그에 앞서 최근 전 세계에서 행동이 조직됐다. 아르헨티나에서는 여성 살해에 맞서 이를 예방하기 위해 국가가 재정을 투입하고 조치를 취할 것을 요구하는 니우나메노스 시위가 엄청나게 큰 규모로 벌어졌다. 성별 임금 격차에 맞서 아이슬란드와 프랑스에서도 파업이 일어났다. 폴란드에선 수십만 여성이 장대비 속에서 시위를 벌여 더 이상 임신중지를 범죄화하지 못하게 했다. 미국에서는 [노골적으로 여성 혐오를 드러낸] 트럼프 정권에 반대하는 여성들의 대규모 시위가 있었다.

여성 권리를 앞세운 이런 투쟁이 평범한 사람들 사이에서 폭넓은 지지를 끌어내고 있다. 이는 자본가계급과 정부가 그들의 이윤을 지키기 위해 노동자에게 위기의 대가를 지불하도록 강제하는 긴축과 재정 삭감, 불안정한 노동조건을 향한 수백만 노동자와 학생의 불만을 보여 주는 것이기도 하다. 노동자와 학생의 단결은 자본주의적 가부장제를 물리치는 데 필수적인 동맹의 씨앗이다.

투쟁 없이 쟁취 없다

✕ ✕ ✕

이런 여성운동의 새로운 물결은 수십 년간 이어진 자유주의 페미니즘의 주도권과 단절하면서 성격 면에서 국제적이고 더 급진적이다. 지난 시절에는 자본가 민주주의에 도전하지 않으면서, 이미 쟁취한 권리를 오직 소수의 여성만 누릴 수 있다는 사실에 이의를 제기하지 않으면서, 개인의 '자유로운 선택'을 해방 지표로 여기는 게 상식처럼 받아들여졌다. 탈정치화된 그리고 탈정치화시키는 이런 프레임에 따르면, 여성해방은 단순히 기존 정치체제 내에서 점진적으로 권리를 얻는 문제에 그친다. 일단 이런 권리가 법으로 만들어지면, 각 여성은 자기가 살아가겠다고 '선택'한 삶에 대해 개별적으로 책임을 지게 될 것이다.

이런 개량주의 논리는 민주적 권리를 위한 투쟁과 사회 경제체제에 맞선 투쟁을 분리한다는 문제가 있다. 개량주의 페미니즘은 성차별을 이용해 자신을 유지하고 이익을 끌어내는 자본주의 구조에 의문을 품지 않은 채 자본가 민주주의 내에서 권리를 위해 싸움으로써, 여성의 종속을 낳고 정당화하고 재생산하는 이 체제를 암묵적으로 혹은 명시적으로 승인한다.

또한 이런 '페미니즘'은 이들 권리가 [자본주의라는] 사회체제 안에서 제한적이고, 유동적이며, 일시적인 방식으로 다뤄진다는 점을 고려하지 않는다. 그것은 이런 권리 대부분이 제국주의 나라들의 자본주의가 위기에 처해 있지 않은 시점에 확보됐다는 사실을 고려하지 않는다. 번영이 이뤄질 때 자본가 정부는 한 손으로 뭔가를 내준다. 위기가 닥칠 때 그들은 다른 손으로 그걸 거둬간다.

의회에 기웃거리는 방식으로 여성의 요구에 정치적인 성격을 불어넣을 수는 없다. 그런 방식은 운동의 여러 부문에서 출세주의자를 위한 길을 열어줄 뿐이다. 오히려 여전히 묵살되는 (여성이라는 이유로 살해당하지 않을 권리 같은) 기본적인 권리와 기생충 같은 자본가계급에 의한 착취체제 사이의 본질적인 관계를 드러내는 것으로부터 이 운동은 정치적 성격을 가질 수 있다.

다른 피억압자들이 참여하는 사회운동에서처럼, 자유주의적 논의는 페미니즘을 전혀 위험하지 않은 것으로 변형시켰고, 그 결과 우익까지도 이를 손쉽게 받아들일 수 있게 됐다. 이런 자유주의 페미니즘은 여성운동에서 사회에 대한 더 깊이 있는 비판 정신을 걷어냈고, 우익 여성에게 문을 열어줬다. [미국 트럼프 대통령의 딸] 이방카 트럼프가 '보수적 페미니즘' 대표로 제시될 수 있다는 사실은 자유주의 페미니즘이 어떤 수렁에 빠져 있는지 보여준다. 지배계급 일부는 여성, 소수 민족 및 성소수자도 자본주의사회에서 권력을 가질 수 있어야 한다고 스스럼없이 주장한다. 힐러리 클린턴이 선거에서 자신을 드러낸 방식도 바로 이런 것이었고, 이는 제국주의 페미니즘 또는 신자유주의 페미니즘의 명백한 사례다.

하지만 클린턴은 선거에서 다수 여성에게 유리천장을 깨고 오늘날 여성 혐오의 전형인 공화당 후보에 맞설 효과적인 대안으로 자신에게 투표하라고 설득하지 못했다. 클린턴의 기업 페미니즘은 수백만 임금노동자·실업자·흑인·이주노동자에게 영향을 미치는 문제 앞에서 완전히 실패했다.

지금 민주당은 선거에서 패배한 자신을 일으켜 세우기 위해, 전 세계에서 재등장한 여성운동을 이용하려 한다. 미국에서 국제 여성의 날 파업을 조직하려 했던 많은 여성이 이 거대한 운동을 자기 자산으로 삼으려는 민주당의 위험성을 경고했던 건 우연이 아니다. 민주당은 선거 패배 이후에 세력을 재구축하기를 바라면서도, 그와 동시에 여성운동의 가장 급진적인 요소를 제어하기 위해 시도 중이다.

위기에 처한 신자유주의 페미니즘

✄ ✄ ✄

가장 주요한 제국주의 강대국으로서 미국은 IMF와 세계은행을 이용해 신자유주의 세계질서와 그에 상응하는 여성에 대한 보건·교육·사회복지 정책을 부과함으로써 자유주의 페미니즘을 세계 다른 지역으로 수출했다. 이런 국제기구들이 수많은 반식민지 나라 정부를 향해 여성 관련 부처를 만들라고 요구했다. 심지어 그들은 성차별적 폭력을 없앨 법 제정을 재촉하기까지 했다.

이는 여성 대부분이 처해 있는 불안정한 처지에 대한 책임에서 자본주의 국가가 발을 뺄 수 있게 해줬다. 가장 상징적인 사례가 멕시코에 있다. 성차별적 폭력을 예방하기 위한 수많은 법이 통과됐는데도, 멕시코는 여성, 특히 국경에 있는 노동자와 미국으로 넘어가려는 중앙아메리카 이주민에 대한 폭력에 끊임없이 연루하고 있다.

또한 미국은 국제적인 비영리단체 활동과 미국 대학의 학술 작업을 수출하며 자유주의 페미니즘 이데올로기를 퍼뜨렸다. 《쟈코뱅*Jacobin*》의 엘러 매허니는 이렇게 설명한다. "모든 새로운 형태의 페미니즘이 성장하면서 맞서야 할 '신자유주의' 페미니즘이 있다는 건 좌파 페미니즘 세계에서 자명한 사실이다. 이보다 덜 자주 언급되는 건 이 기업 페미니즘의 성격과 기원이다. 신자유주의 페미니즘이 부흥하게 된 핵심 촉매제는 1980년대 이래 좌파적 정치 대안이 서서히 질식해갔다는 데 있다."

자유주의 페미니즘은 트럼프에 대항할 능력이 없다는 약점을 보여주기 시작했다. 클린턴의 패배가 불러일으킨 논란뿐 아니라, 우리가 이미 평등에 도달했다는 신화에 맞서는 최근의 전 세계 여성운동에서 보듯이, 신자유주의 페미니즘은 점점 더 의문 대상이 되고 있다.

이런 의미에서 '99%의 페미니즘'을 세우자는 호소는 다수 여성에게 영향을 미치는 수많은 문제의 근원으로서 자본주의와 가부장제의 유착관계를 주목하는 방향으로 사람들의 의식이 바뀌고 있다는 징후다.

가부장제에 맞서 싸우려면 자본주의에 맞서야 한다

✕ ✕ ✕

미국 같은 나라에서 여성운동과 노동자계급의 동맹을 의욕적으로 되살리려는 흐름이 있다는 건 새로운 여성운동 내부에서 반자본주의 세력을 강화해줄 가능성이 있음을 뜻한다. 이와 유사하게 아르헨티나·칠레를 비롯한 다른 나라의 여성운동 집회에서, 그들의 선언문과 그들의 투쟁에서 반자본주의적 목소리를 들을 수 있다.

사회주의 혁명가들에게 반자본주의에 관한 논의는 가부장적 자본주의에 대항해서 어떤 전략과 정치강령을 실행해야 하는가에 대한 유익한 논쟁의 문을 열어줬다. 그것은 우리 자신의 해방을 향한 투쟁을 위해 맺어야 할 동맹에 대해, 그리고 노동자계급이 그런 과제에 착수할 수 있도록 어떻게 힘을 모을 것인가에 대해 생각하도록 했다.

반자본주의 페미니즘을 상상해보면서 우리는 누가 정치의 주체인가라는 문제를 고려하지 않을 수 없었다. 사회의 압도 다수를 이루는 노동자계급의 절반인 여성 노동자를 빼놓는다면, 미래가 없을 것이다. 우리는 다수자 운동, 즉 노동자계급 운동을 건설하기 위해 투쟁한다. 이 운동은 우리의 삶을 통제하는 한 줌 자본가들이 누리는 특권에 적대적이다. 더욱이 가장 억압받는 사람들 속에서 (남성과 여성 모두를 포함한) 노동자계급이 해방의 깃발을 휘날리지 않는다면, 반자본주의는 단지 희망 사항에 지나지 않을 것이다.

자신의 권리를 위해 투쟁하는 여성과 노동자계급이 동맹한 시작점은 19세기에서 20세기 초반으로 거슬러 올라간다. 그 무렵 여성은 투표권을 쟁취할 수 있었고, 제국주의 전쟁에 맞서 싸웠다. [러시아의] 볼셰비키는 노동자계급이 권력을 장악할 수 있도록 도움으로써 그때까지는 상상할 수도 없었던 여성 권리를 쟁취할 수 있었다. 20세기 초 소련에 존재했던 수많은 권리는 지금도 많은 자본주의 나라에서 쟁취하지 못한 것들이다. 그 이후 노동자계급과 여성 간의 이러한 동맹은 완전히 무너져버렸다. 지배계급이, 노동자계급을 노사협조주의에 빠뜨린 노조 지도자들의 배신이, 국가기구로 넘어간 사회운동가와 비영리단체의 탈정치적 분열이 그렇게 만들었다.

진정한 반자본주의 페미니즘을 재건하는 데서 핵심 과제는 노동자계급과 여성운동 간 역사적인 동맹을 다시 세워내는 것이다. 상품 생산과 유통 그리고 서비스 산업과 통신 산업을 실제로 멈췄을 때, 그때 비로소 더욱더 불안정하고 주변부로 내몰린 사람들, 예컨대 개별 가정에 유폐된 주부, 성매매 여성, 그리고 이 수치스러운 체제에서 아무런 가치를 인정받지 못하는 모든 사람의 목소리가 침묵을 뚫고 메아리칠 수 있다. 이런 동맹은 아직 이뤄지지 않았다. 우리가 그것을 건설해야 한다.

이 동맹을 만드는 건 노동자계급 내 성차별을 못 본 체한다는 의미가 아니다. 일부 좌파는 언론이나 학교처럼 지배계급이 자신의 통제 아래 있는 기구들을 이용해 조장한 노동자의 편견에 맞서기를 회피한다. 또한 이들은 가장 기본적인 민주적 권리를 위한 투쟁의 최전선에 서기를 거부한다. 여성 억압은 단지 자본주의적 착취의 한 현상에 불과하다는 근거를 대면서 말이다. 동시에 이런 종류의 계급 환원론은 가장 의식적인 노동자들과 심지어 좌파 투사들까지도 성차별의 재생산 문제에 아무런 책임이 없다고 선언한다. 펩시코 공장과 라탐항공 사례처럼 여성 노동자들이 투쟁의 최전선에 선다면, 이는 노동자계급 내의 성차별에 맞선 투쟁뿐 아니라 자본가들의 성차별에 맞선 투쟁에서도 더 나은 조건을 만들어줄 것이다.

또한 계급 환원론에 맞선다고 해서, 성차별에 대한 개인주의적 관념을 바탕으로 사회주의 여성운동을 또 다른 극단으로 몰아가서는 안 된다. 우리는 길거리에서 일어나는 언어 폭력과 여성에 가해지는 국가권력의 공격을 동일시하지 않는다. [즉 노동 대중 속에서 문화적 투쟁으로 해결해야 할 문제와 지배계급에 맞서 싸워야 할 문제를 혼동하지 않는다.]

여성운동이 1970년대의 경험처럼 끝나버리지 않기 위해 취해야 할 경로에 관한 논쟁이 있었다. 전 세계에서 나타난 대규모 여성운동은 이런 논쟁에 새로운 시의적절함을 부여한다. 과거의 운동은 모순된 방식으로 부분적인 승리와 권리 확장을 낳았다. 그 이면에서 이 운동은 길들여졌고, 자본가 체제의 근본 변화라는 사상은 파묻혀버렸다. 최근 운동은 다음과 같은 논쟁을 불러일으켰다. 우리의 목표는 우익의 공격에 산발적으로 저항하는 걸 넘어설 수 없는가? 아니면 승리하기 위한 전략을 마침내 세워낼 것인가?

이 기사를 쓴 필자들이 속해 있는 국제 여성단체 빵과장미는 아르헨티나·브라질·볼리비아·칠레·우루과이·멕시코·베네수엘라·스페인·프랑스·독일에서 활동한다. 그 조직은 사회주의 관점으로 작업장·학교·대학에서 새로운 여성운동을 내세우며 활발하게 개입하고 있다. 우리는 이 여성운동이 노동자계급 속에 뿌리를 내리고 이런 동맹이 갖는 혁명적 잠재력의 사례를 만들어내기 위해 분투한다.

우리의 주장·전략·강령은 이전 세대 혁명적 마르크스주의자들에게 배운, 축적된 교훈을 기반으로 한다. 우리는 대중의 정치운동을 추구하는 페미니즘을 믿는다. 오직 그 속에서만 민주적 권리와 자유를 위한 투쟁은 다수 대중을 착취하며 비참하게 만드는 이 체제에 대한 맹렬한 규탄과 연결될 수 있다. 오직 이 체제를 무너뜨리려는 운동만이 진정 해방 운동이 될 수 있다.

—

셀레스테 무리쇼, 안드레아 다트리 글 · 전해성 옮김
Celeste Murillo and Andrea D'Atri, "Our Feminism Must be Anti-Capitalist"
2017년 국제 여성의 날 시위 직후 스페인어로 발표되고,
2018년 2월 27일 《레프트 보이스》에 영어로 게재됨.

전 지구적 위기와 여성해방:
낡은 질서를 무너뜨리고 새로운 질서를 세우자

투표권, 일터로의 커다란 진출, 그리고 세계 곳곳의 여성 대통령에 이르기까지, 오늘날 여성의 삶은 100년 전 여성의 삶과 비교하면 거의 알아보기 어려울 정도로 변화했다. 하지만 성평등을 향한 순탄한 진보라는 이미지와 날카롭게 대조되는 다른 현실이 있다.

해마다 150만에서 300만 명 정도의 여성이 남성우월주의적 폭력의 희생자가 되는 현실을 어떻게 설명할 것인가? 성매매가 수익성 높은 산업이 된 현실을 어떻게 설명할 것인가? 엄청난 과학기술 발전에도 불구하고 전 세계에서 해마다 50만 명의 여성이 임신, 출산 합병증으로 사망한다. 매일 500명의 여성이 불법화된 임신중지가 유발한 합병증으로 사망한다.

같은 기간에 노동력의 '여성화'가 기하급수적으로 늘어났다. 그러나 여성은 가장 불안정한 일자리를 얻는다. 그들은 시장변동, 직장 성폭력과 여러 억압에 종속돼 있다. 전 세계 고용 중 40% 이상이 여성 노동

력인데, 그 여성 노동자 중 50%가 보호장치 없는 저임금 일자리에 고용
돼 있다.

국제적인 세력 관계와 여성의 지위

� � �

이런 통계는 최근 수십 년간 쟁취해온 '성평등' 권리와 날카롭게 대조된
다. 페미니즘은 여성에게 제한적인 해방을 제공할 뿐인가? 무수한 여
성에게 잔인한 공격이 가해지는 동안 페미니즘적 해방은 소수 특권층
에게만 허용된 것인가?

　수십 년간 이어진 보수주의 정치 속에서 이 모순이 빚어졌다. 신
자유주의 깃발 아래 이뤄진 제국주의 세력에 반격하는 동안 노동자계
급의 정치적·문화적 패배가 이어졌다. 유럽에서 혁명적 흐름이 꺾인 건
물리적 패배 때문이라기보다는 오히려 노동자계급의 포섭과 분열에 바
탕을 둔다.

　사회민주당·공산당·노동조합 등 노동자계급이 만든 조직들은
이런 자본주의적 통치가 실행되는 걸 계속 도왔다. 자유시장 모델이 이
시기의 지도 원리였다. 그것은 자본가 민주주의 체제를 확장함으로써
대중의 성장 과정을 비틀고 멈춰 세웠는데, 이는 앞선 시기에 쟁취한
많은 승리를 물거품으로 만들었다.

　중간계급과 노동자계급의 상층부는 소비 향연에 빠져 지냈지만,
민중의 압도 다수는 만성 실업에 빠진 채 가난한 변두리 지역에 몰려
살게 됐다. 그들은 사회·정치·문화의 주변부로 밀려났다. 개인주의가

대중문화에 스며들었다. 새로운 '사회통합'을 확립하기 위해서는 페미니즘을 포함해 수많은 민주적 요구를 수용하는 게 지배계급에 필수적이었다. 이렇게 해서 사회운동이 공공정책 내부로 섞여 들어갔다.

민주주의 체제 속 페미니즘: 불복종에서 제도권으로

✕ ✕ ✕

페미니즘은 자본의 질서에 맞선 투쟁을 포기했다. 그들은 스스로를 주변화하기도 했고, '민주주의 국가'라는 테두리 안에서 '인정'받기 위한 투쟁에 흡수돼버리기도 했다. 페미니즘 정치는 '시민권 확대'를 위해 국가기구에 청원 압력을 넣는 정도로 멈췄다. 여성 노동자에게 이런 방식의 한계는 명백했다. 공적 사안에 대한 처리가 부르주아 정치 엘리트들에게 맡겨진 동안 노동자계급 여성들은 그저 임금 투쟁을 벌일 권리만 가졌을 뿐이다.

페미니즘 운동의 2차 물결이 시작될 무렵[1960년대] 그것의 급진적인 성격은 이 체제에 집어삼켜졌다. 페미니즘은 체제에 도전하던 거리의 투쟁을 떠나 정부 청사로, 급진적인 사회변화 대신 제도권으로 운동의 방향을 바꿨다.

이를 비판하면서 또 다른 페미니즘 정치 경향이 나타났다. 그들은 성별을 [사회적 관계나 선택으로 변화할 수 없는] 본질주의적 범주로 환원하면서 모종의 가치를 여성에게 부여한다. 이 새로운 페미니즘은 성별 차이에서 비롯되는 새로운 가치에 근거한 대항문화 형성을 목표로 삼았다. 궁극적으로 그것은 착취와 억압에서 벗어난 평등사회를 향한 운동에 이의를 제기했다.

레즈비언, 흑인 여성, 그리고 제3세계 나라 여성은 결국 여성의 선함을 치켜세우는 방식에 의문을 품게 될 것이다. 그런 치켜세우기는 여성 내부의 차이와 억압적인 위계를 감춘다. 더 나아가 개별적이고 서로 구별되는 정체성이 그토록 많은 이상, 어떠한 [집단적] 정체성의 확립도 불가능하다는 주장이 이어졌다. 그것은 개인 해방이라는 사상을 내세웠다.

수백만 명을 실업으로 몰아넣으며 노동자계급의 해체와 재배치를 강요하는 경제 정책으로 개인주의가 전 세계에 퍼져나가는 동안, 페미니즘은 집단 해방이라는 구상에서 더 멀어져 갔다.

여성의 눈으로

✕ ✕ ✕

보수주의적 퇴행의 시기는 새로운 자본주의 위기로 이어졌고, 상충하는 시나리오를 만들어냈다. 대중 다수를 배제하면서 중간계급의 상당 부분과 노동자계급 일부를 포섭하고 통합하는 것. 그와 동시에 모든 나라를 세계시장에 끌어들이고, 대도시에 불려온 수백만 민중을 임금노동자로 탈바꿈시키는 것.

인류 역사에서 처음으로 여성이 노동력의 상당 부분을 차지하게 됐고, 이는 농촌보다 도시에 집중됐다. 현실 자체가 여성과 가장 억압받는 사회집단의 혁명적 잠재력을 성장시키고 있다. 역사적 위기나 격변기에 늘 그래 왔다. 하지만 그런 동안에도 페미니즘은 집단 해방이란 전망과 거리를 뒀다.

그런 전망을 되살리기 위해서는 노동자계급이 자본주의 경제의 근간을 파괴할 수 있는 잠재력이 있더라도, 여성 노동자와의 단결을 포함해 자본에 억압받는 여러 사회집단과의 동맹을 성사시키고 지휘하는 데 실패한다면 지배 질서를 뒤엎을 수 없다는 사실을 이해해야 한다. 이 상황에서 좌파 상당수는 보수주의적 퇴보 흐름에 순응했다. 돌이킬 수 없이 패배했다는 회의적 전망을 바탕으로, 자본가 민주주의적 권리 확대를 최종 전략인 것처럼 추구했다. 실제로 지배계급은 다수 대중의 급진화를 막고 체제로 포섭·통합하기 위해 그런 요구에 주의를 기울여야 했다.

다른 좌파 세력은 여성해방을 향한 강령과 정책의 필요성을 묵살해버렸다. 이것은 순응을 나타내는 또 하나의 형태다. 자연스럽게 억압의 쟁점들은 여러 계급이 뒤섞인 사회운동의 수중에 남겨졌고, 그러는 동안 노동운동 내의 협조주의와 편협한 조합주의가 강해졌다. 이렇게 종파적으로 기권하는 태도를 통해 최종적으로 노동자계급의 헤게모니 전략은 버려졌다.

가장 극심하게 착취당하는 사람들의 시각에서 출발함으로써 우리는 궁핍과 굴욕에서 인류를 해방하려는 사람들을 끌어모을 수 있다. 근본적인 변화를 위해 우리는 여성의 눈으로 세상을 봐야 한다. 이런 시각으로 우리는 볼셰비키 사상을 재수용할 것이다. 착취당하는 수많은 대중이 단지 공산주의를 열망하기만 해서는 그것을 실현할 수 없음을 우리는 알고 있다. 우리는 지금과는 다른 질서를 세우려고 해야 할 뿐만 아니라, 기존 질서를 무너뜨려야 한다.

—

안드레아 다트리, 라우라 리프 글 · 전해성 옮김
Andrea D'Atri and Laura Lif, "Women's Emancipation in Times of Global Crisis"
2013년 1월 7일 《좌파 사상》에 스페인어로 발표되고
발췌한 내용이 2016년 8월 15일 《레프트 보이스》에 영어로 게재됨.

왜 여성은 사회주의를 위해
싸워야 하는가?

사회주의가 여성의 삶·발전·행복에 어떤 이점을 줄 수 있는지에 대한 합의에 도달하는 건 어려운 문제다. 그에 반해 자본주의가 인류와 지구를 고통·파괴·야만으로 몰아간다는 진단에 대해 의견 일치를 보는 건 더 쉽다.

딱 15년 전, 미국에서 가장 부유한 100명의 평균 수입은 가난한 90%의 수입보다 10만 8,765배나 높았다. 역사 속 다른 시기와 비교해 본다면, 이와 같은 물질적 부의 격차 비율은 로마제국 절정기에 원로원 의원과 노예 간의 격차와 맞먹는다.

2020년 이래, 전 세계를 황폐하게 만든 코로나19 팬데믹은 이 말도 안 되는 모순을 더 심화시켰을 뿐이다. 이를 보여주는 끔찍한 사례가 아마존이다. 아마존은 수많은 불안정 노동자를 고용한다. 이들은 기진맥진해질 정도로 일해야 하고, 노조 결성권을 보장받지 못하며, 형편없는 임금만 받으면서 경제가 움직이도록 해준다. 그 사이에 이 회사의 소유주는 720억 달러의 재산을 추가로 손에 넣었다. 이 짧은 기간에 450만 명 이상이 사망했다.

코로나19가 촉발한 위기는 그 전부터 오랫동안 이어진 추세를 더욱 가속했다. 그것이 전부가 아니다. 이 위기는 자본주의 모순이 경제뿐 아니라 생태와 재생산 영역에까지 걸쳐 있다는 점도 보여줬다. 수백만 사람들이 지켜보는 앞에서, 생명보다 이윤이 중요하다는 끔찍한 자본주의 원리가 터무니없는 방식으로 드러났다. 거듭 자본주의 위기가 닥치면서 이 모순은 점점 더 견디기 어려워졌다. 여러 분석가가 동의하듯이, 이 때문에 사회주의라는 발상이 심지어 제국주의 국가의 심장부에서 살아가는 젊은 세대에게도 되살아나고 있다.

꽉 묶인 매듭이 더 단단하게 묶이다

코로나19가 세상에 퍼지기 이전인 2019년, 세계 노동 가능 인구 중 절반은 여성이었다. 하지만 실제로는 전체 노동 인구의 39%만이 여성이었다. 여성은 남성보다 더 불안정하고 비공식적인 조건에서 일하는 경우가 많았다. 특히 사하라사막 이남 아프리카, 동남아시아, 라틴 아메리카에서 그렇다. 일할 수 있는 여성의 21% 이상이 하루 내내 무급 돌봄노동에 종사한다. 같은 처지에 있는 남성이 1.5%에 불과한 것과 비교된다.

같은 해에 20세 미만의 여성과 소녀 1,300만 명이 아이를 낳았다. 아직도 119개 나라에서는 임신중지권이 제한된다. 오직 38개 국가에서만 임신한 노동자를 해고하는 게 금지돼 있다. 86개 나라에서는 아이를 양육하는 데 투여한 기간을 연금 산정에서 빼버린다. 2018년에 에이즈 바이러스에 감염된 채 살아가는 15세 이상 사람 중 52%가 여성이었고, 그 비율은 1990년 이래 계속 증가 중이다.

팬데믹이 발발하면서, 기존의 성별 격차는 더욱 커지기만 했다. 2022년 초 다보스에서 열린 세계경제포럼에서는 세계 성별 불평등을 없애는 데 135년 이상이 걸릴 거라고 추산했다. 2020년 추산보다 36년 이 더 늘어난 수치다. 팬데믹에 대응하는 정부 조치는 그들이 생각하는 성평등 목표 달성을 한 세대 뒤로 밀쳐놓는 데 성공했을 뿐이다.

진짜로 공상적인 것은 그저 자본주의가 자기 갈 길을 가게 내버려 둠으로써, 또는 좀 더 진보적인 버전으로는 사회운동이 자기 모습을 내 보이고 민주적인 국회의원들이 성별 격차를 줄이기 위한 법안을 통과 시킴으로써 이 격차가 조만간 줄어들리라 믿는 것이다. 오늘날 미국에 서 여성은 임신중지권의 퇴행에 직면했다. 우리는 지난 몇 년간 스페인 에서 이와 똑같은 밀물과 썰물을 봤다. 스위스에서는 결혼 평등법[동성 결혼을 포함해 다양한 성별의 결혼을 인정한다.]이 통과된 반면, 아프가니스탄 여 성은 외출하려면 몸 전체를 가리도록 다시 강요받았다.

지금은 자본주의가 발전하는 시기가 아니다. 되풀이되는 위기를 거치며 버티는 상황이다. 이 체제가 회복되려면 [과잉] 생산력의 파괴라 는 길을 거쳐야만 한다. 신자유주의 질서가 번영할 수 있으리라는 꿈같 은 상상을 할 수는 있더라도, 과연 어느 나라에서 그 대가를 치르며 번영 을 이룰 수 있을까? 국제적인 돌봄 사슬이 그 답을 보여준다. 선진국 여성이 직업이나 학문적인 커리어에서 남성을 따라잡을 수 있게 된 건, 주로 그들의 노동력을 재생산하는 데 필요한 무급 노동이 흑인이나 히스패닉계의 가난한 이주여성에게 외주화됐기 때문이다.

법률이나 국내 총생산 증가로 이 상황을 바꿀 순 없다. 이 현실은 자본주의가 가장 단단한 매듭으로 꽉 묶어놓은 것이다. 이 체제 안에서 그 매듭을 푸는 건 불가능하다.

가중되는 무급 노동

�֍ ✖ ✖

자본가들이 가사노동을 직접 통제하지는 않는다. 그렇지만 자본가들은 노동력을 재생산하는 데 필요한 노동의 상당 부분을 사적 영역에 묶어둠으로써 이득을 본다. 이런 방식으로 임금은 임금노동자를 재생산하는 데 필요한 비용 전부를 커버할 필요가 사라진다. 재생산 노동 중 일부는 임금노동자 자신에 의해, 그들의 집에서 아무런 보수 없이 이뤄진다. 유급 고용의 형태로든 아니든, 이런 노동을 하는 압도 다수는 두말할 것 없이 여성이다. 다시 말해 대부분 여성이 가정에서 수행하는 무급 재생산 노동은 자본가들이 임금노동 착취에서 끌어내는 잉여가치의 양을 간접적으로 늘려준다.

여성 억압의 뿌리는 고대 계급사회의 등장으로 까지 거슬러 올라가는데 이를 기반 삼아 자본주의는 잉여가치를 뽑아내는 구조에 복무하게 만드는 방식으로 이 종속관계를 재구성한다. 자본주의는 상품 생산에 대한 물신숭배를 낳고, 임금을 지급함으로써 잉여 노동의 존재를 감춘다. 그와 동시에, 노동력이라고 알려진 특별한 상품의 재생산에 필요한 노동의 '가정 내 구성요소'를 생산 영역에서 분리된 것으로 묶어둔다. 이런 이유에서 몇몇 마르크스주의 페미니스트들은 가사노동, 즉 사회적 재생산을 위한 무급 노동 또는 넓은 의미로 돌봄노동이라고 부를 수 있는 것을 자본주의사회의 진정한 산물이라고 주장한다.

이 엄청난 불평등을 유지하려면 거대한 이데올로기적 압력이 가해져야 한다. 개인들이 이런 규범을 그들 자신의 욕망인 것처럼 받아들이도록 말이다. 다시 말해 사람들은 결국 여성이 하는 일을 무급 노동이 아니라 사랑이라고 믿게 된다. 그런 점에서 특히 낭만적인 사랑 역시 자본주의의 발명품이다.

자본주의는 자연과 우주의 수수께끼를 풀 수는 있었지만, 여성이란 무엇이고, 좋은 여성은 어떠해야 하며, 여성의 권리와 의무는 무엇인지, 그리고 여성이 무엇을 갈망해야 하고 무엇을 해야 하는지에 대한 편견, 규칙, 고정관념은 완전히 제거하지 못한다. 이 '성별 반계몽주의'에는 무급 노동이 사랑이며 이런 사랑은 여성에게 안성맞춤이라는 생각을 이데올로기적으로 정당화하는 내용이 다수 포함된다. 여성성에 관한 이 뿌리 깊고 대대로 내려오는 선입견에 어떤 측면에서라도 도전하는 여성은 누구일지라도 조롱당하고, 멸시당하고, 굴욕을 겪고, 경제적이거나 법적인 위협을 받고, 구타당하거나 살해된다.

바로 그렇기에 우리는 자본가 민주주의 아래서는, 심지어 가장 발전한 나라에서조차 그 어떤 사회개발 정책도, 그 어떤 남다른 경제번영도 그 어떤 뛰어난 성평등 입법도 여성 억압을 완전히 제거하거나 여성을 해방할 수 없으며, 남성과의 전면적인 평등 또한 보장할 수 없다고 되풀이해서 말한다.

마르크스와 엥겔스의 말을 빌리자면, 사회주의는 '현 상태를 폐지하는 현실 운동'이다. 이 '현 상태'란, 한 줌 소수가 터무니없이 큰 부를 챙겨가는 상태, 심지어 팬데믹을 겪는 동안에도 그런 일이 벌어지며 그 대가로 압도 다수가 점점 더 불안정한 노동으로 내몰리고, 노동력 재생산은 냉혹하게 여성의 무급 노동에 내맡겨지는 그런 상태다.

자본주의 시계에서 시간 해방시키기

✄ ✄ ✄

경쟁을 향한 내적 충동으로부터 연료를 공급받는 자본주의는 상품을 생산하는 데 드는 사회적 필요 노동시간을 빠르게 감소시킨다. 더 적은 시간에 더 많은 상품을 만든다는 것은 더 저렴한 상품, 더 많은 소비와 연결된다. 자본가에게는 더 많은 이윤을 의미한다. 남성이든 여성이든 노동자 다수에게는 더욱더 거대한 강탈을 뜻한다. 이전에는 X개를 만들었고 지금은 같은 시간에 100개를 만드는데, 그걸 생산하는 사람은 똑같은 임금을 받는다.

그들은 생산하는 만큼 임금을 받는 게 아니기 때문에 이런 일이 생긴다. 정확히 말하면, 그들의 노동력은 일정한 시간 동안 임대된다. 자본가들은 노동자계급 일부에 대한 초과 착취에 의존한다. 그 초과 착취를 위해 자본가들은 생산성 향상, 잔업, 한쪽에서 엄청난 다수 노동자가 실업이나 극도로 불안정한 일자리에 처해 있는 동안 다른 한쪽에서의 과도한 노동시간, 취업 노동자 임금삭감 등의 수단을 사용한다.

과학과 기술이 발전하면서 상당히 높은 수준의 노동 생산성을 달성할 수 있게 됐다. 이런 기술 덕분에, 사회 존속을 위한 물질적 조건을 생산하고 재생산하는 데 필요한 노동시간도 대폭 줄일 수 있다. 바로 그것이 우리가 사회주의자로서 제안하는 바다. 모두가 예술, 과학, 스포츠, 다른 사람과 지구를 돌보는 일 등에서 자신의 인간적 능력을 발전시킬 수 있도록 필요 노동을 최소한으로 줄이자는 얘기다. 우리 모두 임금을 벌기 위해 지금 투여하는 것보다 훨씬 적은 시간을 들이면서 일할 수 있게 될 것이다.

물론 이런 변화는 자본가들의 이윤을 침해할 것이고, 그들은 그들의 특권을 제거하려는 어떤 시도에든 저항할 것이다. 이는 그들의 법률·법정·경찰·군대와 맞부딪치게 된다는 걸 의미하며, 더 나아가 종교·인종차별·외국인 혐오·여성 혐오를 이용해 그들이 우리 계급에 덧씌운 분열과도 맞부딪친다는 걸 의미한다.

하늘 아래 새로운 것은 없다. 사회주의는 맹아 형태로 자신을 드러내는, 착취의 굴레에서 자신을 해방하려는 노동자계급의 끊임없는 투쟁으로 자신을 드러내는 현실 운동이다. 이 투쟁은 유계 결근으로 사장들에게서 시간 훔쳐내기부터 노동시간을 8시간으로 단축하기 위한 역사적인 투쟁에 이르기까지, 유급휴가와 노조 결성권 쟁취에서부터 생산에 대한 노동자 통제의 수립에 이르기까지를 포괄한다. 그것은 반란을 일으킨 여성과 남성 노예의 운동이다.

혁명은 멈추면 패배한다

✖ ✖ ✖

자본주의를 뒤엎고 사회주의 사회에 토대를 놓는 것만으로 충분히 여성 억압을 끝장낼 수 있을까? 그렇지는 않다. 그러나 그것은 필수적인 한 걸음이다.

우리는 여성에 대한 차별을 지속하기 위해 재생산된 모든 성별 편견, 규칙, 고정관념이 자본주의에서의 사회적 재생산과 생산의 물질적 조건에 뿌리내리고 있다고 앞서 지적했다. 권력을 장악하는 것보다 편견을 해소하는 것이 더 어렵다. 그런 편견은 그것이 생겨날 수 있었던 물질적 조건이 심대하게 변화한 이후에도 끈질기게 남아 있으리라 보는 게 타당하다. 그러므로 스탈린주의자들과 그 밖의 사람들이 마르크스주의를 꼴사나운 경제주의적 희화로 왜곡하면서 주장했던 것과는 달리, 여성해방은 단지 권력의 심장부를 공격하고 생산수단을 사회화하는 것만으로 자연히 얻어질 결과가 아니다.

'가내 노예제'는 실제로 남성이 이미 쟁취한 권리를 여성이 '평등하게' 행사하고 향유하지 못하게 막는다. 가사노동과 돌봄노동의 사회화는 이 '가내 노예제' 폐지를 시작하기 위한 필수 기반이다. 공동주택·식당·세탁소·학교·유치원·양로원·재택치료 등 다양한 기관, 그리고 공원·운동장·클럽·문화센터 같은 여가 공간을 만들어 가사노동과 돌봄노동을 가정 내 사적 영역에서 끌어낸 후에 남성과 여성 임금노동자가 수행하는 일자리로 전환해야 한다.

무급 이중 노동에서 해방된 미래 세대는 노동을 최소한으로 줄이면서 점차 성차별적 편견을 해소해나갈 것이다. 사랑 또한 무언의 희생, 보이지 않는 노동, 조건 없는 헌신에 결박되지 않으며 새로운 의미를 찾게 될 것이다.

우리는 사회주의가 여성에게 즉각 낙원이 될 것이라 약속하지 않는다. 그러나 분명한 진실은 있다. 기생충 같은 소수 이익을 위해 인간 노동을 착취하는 일, 이 거대한 노동력을 재생산하기 위해 날마다 보이지 않는 무급 노동에 여성을 종속시키는 일이 더 이상 일어나지 않는 그런 사회를 향한 투쟁은 우리 삶을 더 살 만한 것으로 만드는 유일한 투쟁이라는 점이다! '현 상태'의 일부가 될 것인가, 아니면 '그 현 상태를 폐지하는 현실 운동'의 일부가 될 것인가? 선택하라.

—

안드레아 다트리 글 · 오연홍 옮김
Andrea D'Atri, "Why Should Women Fight for Socialism?"
2021년 《카타르시스Catarsi》 5호에 카탈루냐어로 발표되고
2022년 3월 8일 《레프트 보이스》에 영어로 게재됨.

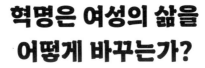

혁명은 여성의 삶을
어떻게 바꾸는가?

1917년 노동자혁명으로 러시아 여성의 삶에 전례 없는 도약이 이뤄졌다는 점에 대해서는 폭넓은 동의가 있다. 이혼할 권리, 임신중지권, 일자리 보장, 가사노동의 사회화를 위한 조치 등은 볼셰비키당이 도입한 개혁의 일부 사례일 뿐이다. 소련 여성의 삶에 일어난 거대한 변화가 세계 곳곳에서 반향을 일으켰다. 여성 권리와 진보적인 공공정책을 아로새긴 법령에 서프러제트(여성 참정권 운동가), 여성 교육 지지자, 심지어 자유주의 페미니스트와 그 밖의 진보적인 세력까지도 박수갈채를 보냈다.

세계적인 시야에서 이와 같은 진보적인 조치를 볼 때 가장 신기한 점은 러시아, 즉 경제적·문화적으로 뒤처졌다고 여겨진 나라에서 그런 일이 일어났다는 점이다. 전통적인 가부장과 차르, 보드카에 절어 있는 코사크족, 글을 배우지 못한 소작농, 채찍을 휘두르며 부를 쌓은 쿨락(부농)의 나라에서 여성이 반란을 일으켰다. 상황을 더 복잡하게 만든 건, 러시아가 제1차 세계대전의 참화로 만신창이가 되고 제국주의 군대에 포위된 상황이었다는 점이다. 가뭄·질병·전염병으로 사람들이 떼죽음을 당했던 시점이었다.

누가 보더라도 문화적·정치적으로 풍성한 진보를 누리기 힘든 불모의 땅에서 남성과 여성의 법적 평등이 확립됐다. 사실혼 관계가 승인받았고, 이혼할 권리와 임신중지권이 보장됐으며, 어린이집과 공공 빨래방, 공동 식당이 들어섰다. 동성애 처벌과 성매매 여성에 대한 박해가 사라졌다.

러시아 여성·가정·가족의 일상을 혁명적으로 뒤집은 이 같은 혁신은 하늘에서 뚝 떨어진 게 아니다. 사회주의혁명의 열기 속에서 저절로 솟아난 것도 아니다. 레닌이 이끈 정당에서는 여성해방에 관한 논쟁이 끊이지 않았다. 육아가 사회화되고 나면 어머니 역할은 무엇이어야 할까? 모든 애정 관계에서 국가의 개입을 배제해야 한다고 주장해왔는데 여전히 사회주의 국가가 결혼증명서를 발행해야 할까? 이런 여러 쟁점에 대해 볼셰비키 내에 통일된 입장은 없었으며, 다양한 입장 간 개방적인 논쟁이 있었을 뿐이다.

볼셰비키는 고대로까지 거슬러 올라가면서 노예 반란의 오랜 역사에서 영감을 끌어냈다. 그들은 유토피아 사회주의의 발상을 계승했고, 주요 저작인 《공산당선언》에서 부르주아적 결혼과 가족을 가차 없이 비판한 마르크스와 엥겔스에게 영향받았다. 유토피아 사회주의와 역사 유물론에 기원을 둔 이데올로기와 [상트페테르부르크와 모스크바 같은] 유럽식 대도시의 산업 중심지에 대규모로 결집한 여성이 연결되면서 중대한 정치적 계기가 마련됐다. 이 새로운 여성 노동자계급이 해방을 지향하는 선진 의식으로 충만한 혁명적 지도력과 결합하면서, 볼셰비키당이 채택한 대담한 법령, 정부 계획, 사회정책의 기반이 됐다.

자유로운 사랑

✖ ✖ ✖

중세시대 이래로 사람들은 자유로운 사랑의 방식을 심사숙고해왔다. 계약 결혼, 중매 결혼, 애정 관계에 교회나 국가가 간섭하는 것을 거부하는 운동이 일어났다. 14세기 이후로는 '자유로운 사랑'이라는 발상을 제기하는 집단이 나타났는데, 이들은 결혼에 대해서뿐 아니라 간통에 관한 규범, 피임과 임신중지 금지에도 이의를 제기했다. 자유로운 사랑에 찬성한 운동이 대부분 남성에 대한 여성의 예속에도 이의를 제기한 건 이 때문이다. 그들은 여성의 자유 박탈에 항의했고, 이에 따라 대개 여성해방을 지지했다.

　러시아에서 일어난 노동자혁명을 토론하는 맥락이라면, 아마도 자유로운 사랑보다는 '자유 결혼'을 거론하는 게 더 적절해 보인다. 볼셰비키 지도자들과 지식인들의 주된 관심사는 애정 관계를 러시아 정교회의 굴레에서 해방시키는 것이었다. 혁명 이전에는, 교회가 승인하지 않은 혼외 자녀는 재산권을 인정받지 못했을 뿐 아니라 사회에서 무시당했다. 볼셰비키는 이에 맞서서 교회의 구속이나 승인을 배제하며, 모든 형태의 결혼을 인정하는 입장을 취했다.

　이혼을 허용한 새로운 법령은 자유 결혼에도 길을 열어줬다. 하지만 전쟁으로 피폐해진 러시아에서 이런 조치는 기나긴 세월 남성에게 경제적으로 의존해온 여성의 삶에 부정적 효과도 미쳤다. 많은 여성에게 결혼이란 가부장사회에서 일종의 생존방식이었다. 따라서 자유 결혼의 정당성을 확립하기 위해서는 여성이 생산적인 노동에 참여하게 하고, 경제적 독립과 법적 평등을 획득하게 함으로써 여성해방을 촉진하는 게 필요했다.

볼셰비키 지도자인 알렉산드라 콜론타이는 질투와 소유 욕망을 특징으로 하는 '낭만적인 사랑'이라는 부르주아적 이상에 대조되는 것으로서, 동지적인 사랑의 성립이 필요하다는 점에 대해 글을 썼다. 그는 '낭만적인 사랑'이 자본가계급의 출현과 함께 등장했고, 개인 간의 관계에 투영된 사적소유의 개념을 구현했다고 주장했다. 이런 뿌리 깊은 소유욕의 강화와 애정 관계에서의 권리는 곧 다양한 형태의 폭력의 원천이 됐다. 권력 장악 이후에 콜론타이와 그 밖의 볼셰비키 혁명가들은 그동안 토론해온 혁명적 구상을 실행할 기회를 얻었다.

불꽃이 튀어 불길로 타오르다

✕ ✕ ✕

차르 체제하 여성들은 갓 등장한 러시아 노동자계급 속에서 광범한 투쟁을 벌였다. 그들은 생존권 요구를 걸고 싸웠을 뿐 아니라 공장 내 보육, 유급 출산휴가, 신생아 수유를 위한 휴식 시간 등을 요구하면서 투쟁했다. 경찰 보고서와 공장 기록에 따르면, 고용주와 같은 화장실을 사용할 수 있는 권리나 관리자의 학대를 중단시킬 것을 요구하는 여성 파업 사례가 많았다.

1910년 8월 26일과 27일, 제2차 국제 사회주의 여성대회가 코펜하겐에서 열렸다. 주요 토론 의제에는 여성 참정권과 출산휴가, 임신을 이유로 한 해고 금지 등 어머니의 권리 개선 문제가 포함됐다. 독일 사회민주당을 대표해 참가한 클라라 체트킨과 카테 둥커는 국제 여성의 날 제정을 제안했고, 1913년 러시아에서 처음으로 이를 기념하는 시위가 열렸다. 멘셰비키는 여성의 날 시위에 오직 여성만이 참여해야 한다고 주장했다. 이에 반대해 볼셰비키는 여성해방은 모든 피착취 민중이 함께 해야 하기에 노동자계급 전체가 시위에 합류해야 한다고 주장했다.

제1차 세계대전은 여성에게 또 다른 짐을 짊어지게 했다. 거의 천만 명에 이르는, 대부분 농민인 남성이 징집돼 전쟁터로 보내지자 여성이 농사를 떠맡았고, 농촌 노동 인구의 72%를 차지했다. 도시에서도 마찬가지 일이 벌어졌다. 1914년에서 1917년 사이 공장에서 일하는 여성 노동력이 50% 가까이 늘어났다. 이것은 점점 더 많은 여성이 가사노동과 임금노동을 떠맡으면서 '이중 노동'을 하게 된다는 의미였다. 이런 상황을 바탕으로, 볼셰비키는 여성 노동자를 당으로 조직하기 위한 대담한 정책을 펼쳐나갔다. 그와 동시에 이 당은 여성해방을 위해 투쟁해야 할 필요성에 대해 노동자들을 교육했다.

그러는 동안 전쟁은 극심한 식량부족을 낳고 사망자를 엄청나게 늘리면서 격렬하게 이어졌다. 1915년에는 유럽의 주요 도시에서 여성이 들고일어나 전쟁에 반대하는 필사적인 사보타주를 벌였다. 상트페테르부르크에서는 여성들이 식료품 물가 폭등에 항의해 투쟁하며 상

1917년 국제 여성의 날에 시위를 벌인 러시아 여성 노동자들. "그날이 혁명의 시작점이 될 거라고는 누구도 예상하지 못했다." - 트로츠키, 《러시아혁명사》.

점을 약탈했다. 그 해와 그다음 해에 모스크바에서도 같은 일이 벌어졌다. 차르 경찰은 러시아 민중이 굶주리고 묘지에 시신이 쌓이면서 누적되는 위험을 경고하는 보고서를 썼다. "가게 앞에 늘어선 끝없는 대기 행렬에 지치고, 굶고 병든 자녀를 보며 고통을 겪는 어머니들이 이제는 밀류코프와 로디체프[러시아 입헌민주당(카데트)의 리더들. 입헌민주당은 러시아의 자유주의적 개혁을 꿈꾸면서 볼셰비키에 반대했다.] 일당보다 더 혁명에 우호적이다. 당연히 이 여성들이 더 위험한데, 이들은 불길이 타오르게 만들 수 있는 불꽃이기 때문이다."[1]

하지만 이 경고는 너무 늦었다. 1917년 국제 여성의 날에 섬유 공장 여성 노동자들이 파업에 들어갔다. 그들은 인근 공단을 행진하며, 공장 유리창에 눈덩이와 돌멩이를 던지면서 다른 노동자에게 동참하라고 호소했다. 점점 더 많은 남성이 자발적으로 시위에 참여해 평화·빵·전제 정치 종식을 외쳤다. 이 요구들은 한 해 전부터 전쟁의 고난 때문에 일어난 시위에서 이미 모습을 드러냈다. 여성 노동자들이 시작한 자발적인 시위는 이틀 뒤 총파업으로 번져나갔다.

"2월 23일은 국제 여성의 날이었다. 사회주의 조직들은 집회·연설·유인물 같은 통상적인 방식으로 이날을 기리려 했다. 그날이 혁명의 시작점이 될 거라고는 누구도 예상하지 못했다."[2]

여성해방은 혁명의 기둥

✕ ✕ ✕

여성 권리가 그렇게 거대하게 변화할 수 있었던 것은 전적으로 [여성을 포함한 노동자계급의] 권력 장악 덕분이었다. 이 혁명 자체가 여성들이 불을 붙인 것이었다. 굶주림·전쟁·고립 등 이제 갓 태어난 노동자국가를 짓누른 역경보다 더 강력하고 거침없었던 볼셰비키의 상상력 또한 영향을 미쳤다.

혁명이 일어나고 1년도 채 안 된 1918년, 가족법이 제정됐다. 웬디 골드먼[역사 연구자로서, 러시아혁명 이후 여성 권리 변화를 포괄적으로 다룬 책 《여성·국가·혁명: 1917~1936년 소련의 가족정책과 사회생활》을 썼다.]은 이를 "세상에서 가장 진보적인 가족법"이라고 불렀다. 새 가족법은 결혼을 개인 사안으로 규정하면서 교회가 관여하지 못하게 했다. 이혼이 합법적으로 허용됐을 뿐만 아니라, 국가에 사유서를 제출할 필요 없이 누구나 진행

할 수 있도록 절차를 간소화했다. 이 법은 사유재산에 대한 남성의 특권을 보장하는 낡아빠진 규정을 폐기했다. 혼외 자녀를 포함해 모든 자녀가 동등한 권리를 보장받았다. 아이의 아버지가 누구인지 알 수 없는 경우에는, 그 여성의 성적 파트너 모두가 자녀 양육의 책임을 나눠야 했다. 미국에서조차 통과되지 못한 법률개정을 거쳐 남성과 여성이 법적으로 동등해졌다는 점이 중요하다. 새 가족법을 작성한 알렉산드르 고이키바르크는 이 법을 국가나 가족을 강화하기 위한 것이 아닌 일시적인 조치로 여겼다. 오히려 이 법은 가족의 소멸을 향해 나아가기 위한 것이었다.

그러나 레닌이 주장했듯이 법적인 평등은 시작에 불과했으며, 여성 권리를 위해 혁명이 이뤄내야 할 최소한의 조치였다. 그는 이렇게 말했다. "지주도, 자본가도, 상인도 없는 곳, 이들 착취자 없이 노동자의 정부가 세워지고 있는 곳, 그곳에 여성과 남성의 평등이 법률적으로 존재한다. 그러나 그것으로는 부족하다. 법적인 평등과 삶에서의 평등은 전혀 다르다. 우리는 여성 노동자가 법적으로만이 아니라 실제 삶에서도 남성 노동자와 평등을 누리기를 원한다."[3]

혁명은 진정한 평등으로 나아가기 위한 조치를 취해야 했다. 법적인 변화가 효과를 얻으려면, 여성을 혹사시키며 무보수로 이뤄지는 '가내 노예제'를 끝장내기 위한 국가 차원의 노력이 대규모로 수반돼야 한다. 볼셰비키는 노동자국가를 활용해 집안일을 남성과 여성 모두가 수행하는 산업화한 임금노동으로 전환하려 했다. [1970년대의] '가사노동 임금 지급' 운동이 벌어지기 한참 전에 볼셰비키는 가사노동을 유급 노동으로 전환해야 할 필요뿐 아니라, 여성해방을 위한 필수 요소로서 이 노동을 집단화해야 할 필요에 대해서도 간파했다. 이렇게 전환함으로써, 낡은 가부장적 관계가 강요하는 경제적 압박에서 벗어난 새로운 관계의 발판을 만들었다.

사회복지부 장관이 된 콜론타이는 여성과 가족에 관한 다양한 개혁의 설계자로 활동했다. 이 노동자국가의 장관이 옹호한 가장 중요한 조치는 소련 여성이 직업 선택의 자유, 모든 공직에 진출할 기회, 동일 노동에 동일 임금을 받을 권리를 누리는 것이었다. 더 나아가 임신 여성 해고가 금지됐다. 또한 여성에게 이혼할 권리와 남녀공학에 입학할 권리가 인정됐다.

이런 진보적인 변화는 세계 어느 곳에서도 볼 수 없는 것이었지만, 여성에게 진정한 평등을 보증하기에는 여전히 불충분했다. 민법상의 변화가 일어나기 전에 볼셰비키당 내에서, 그리고 폭넓은 사회적 차원에서 여성해방, 사회주의사회에서 가족의 역할, 여성과 남성이 평등한 사회로 전환하는 방식에 관한 길고 심층적이며 흥미로운 논쟁이 이뤄졌다. 남성과 여성 사이에 놓인 역사적인 불평등을 의식하면서 볼셰비키는 전통적인 가족에 훨씬 큰 자유를 도입한 새로운 법률이 여성에게 의도하지 않은 결과를 낳지 않도록 주의했다.

[《여성·국가·혁명》에서] 역사가 웬디 골드먼의 이야기를 들어보자.

"비교해서 본다면, 1918년의 가족법은 놀라울 정도로 시대를 앞선 것이었다. 성평등, 이혼, 친권, 재산권 등을 다루는 유사한 법령이 미국이나 다수의 유럽 나라에서는 아직 제정되지 않은 상황이었다. 새 가족법이 파격적인 혁신을 담고 있는데도 법학자들은 '이것은 사회주의 법령이 아니라 과도기의 법령일 뿐'이라고 빠르게 지적했다. 그 가족법이 혼인 신고, 이혼 수당, 자녀 양육과 그 밖의 생계유지를 위한 대비 등 비록 일시적일지라도 가족 단위에 필요한 항목을 남겨놨기 때문이다. 마르크스주의자로서 법학자들은 그들 스스로 곧 유명무실해질 거라고 여기는 법령을 만들어내는 특이한 위치에 있었다."[4]

가족법을 둘러싸고 드러난 이런 새로운 사고방식은, 이 혁명은 이제 1막을 지났을 뿐이며 그것은 수천 년간 재생산된 가치관이 근본적으로 변화하는 과정의 출발점에 불과하다는 볼셰비키의 관점을 보여준다. 레온 트로츠키가 그의 책 《연속혁명 *The Permanent Revolution*》에서 지적하듯이, 사회주의혁명의 본질적인 속성에는 이렇게 모든 사회관계를 집어삼키고 변화시키는 부단한 내부 투쟁을 거쳐 사회가 탈바꿈한다는 점이 포함된다. 몇 세기에 걸쳐 여성을 종속시키고 짓눌러왔던 굴레에서 여성이 해방되는 건 사회관계가 급진적으로 바뀌는 데 근본적인 요소다.

볼셰비키는 계급 환원론 관점을 취하기는커녕, 여성해방을 노동자혁명의 중심 과제로 여겼다. 레닌은 "여성의 완전한 자유를 쟁취하지 않는 한 노동자계급은 완전한 자유를 쟁취할 수 없다"고 말했다.[5] 볼셰비키는 한 사회에서 여성의 위치를 그 사회 전체의 수준을 측정하는 척도로 여겼다. 여성이 온전한 평등을 쟁취했을 때 비로소 사회주의혁명이 진실로 성공했다고 간주할 수 있다는 것이다.

스탈린 반혁명

✄ ✄ ✄

〈모스크바의 테르미도르 반동〉[6]에서 설명하고 있듯이, 혁명과 내전을 거친 후 신생 노동자국가인 소련은 국제적으로 고립됐고, 다수가 목숨을 잃거나 굶주림에 시달렸다. 이 고립 탓에 볼셰비키당 내에서, 그리고 소련 국가 내에서 정치적 특권층이 성장할 수 있었으며, 이들이 국내의 결핍 상황을 관리했다. 여성 권리 영역에서든 다른 영역에서든, 이는 볼셰비키가 도입한 조치에 대한 반혁명을 뜻했다.

정치에서 발생한 이런 전환이 쉽게 또는 저항 없이 이뤄진 건 아니다. 볼셰비키 혁명은 스탈린주의에 질식당했고, 1917년 혁명 세대는 궤멸됐다. 제1차 세계대전과 내전에서 살아남은 사람들은 기아와 질병으로 사망했다. 다른 이들은 추방되고 강제노동수용소에 갇혔으며, 또 다른 이들은 총살당했다. 스탈린은 새로운 세대로 형성된 출세주의자들의 지지를 받으면서 볼셰비키당과 국가의 지도부를 장악하는 데 성공했다. 출세주의자들은 혁명 이후 당에 들어왔으며, 가장 낡고 후진적인 사고방식을 같이 끌고 들어왔다. 스탈린의 지휘 아래 가부장적 이해관계와 소부르주아 심성이 당내에 번져나갔다.

가사노동을 대체한 사회 서비스가 기이하게도 사회주의 이름 아래 제약됐다. 오직 결혼한 부부 관계만 국가가 공식적으로 승인했고, 볼셰비키당 중앙위원회의 여성부는 해체됐다. 성매매는 범죄화됐으며, 성 소수자들은 박해받은 채 감옥에 끌려갔다. 임신중지는 금지됐다. 혁명 초기 몇 년간 볼셰비키가 그토록 열성적으로 토론했던 여성해방에 관한 모든 논의는 완전히 쓸데없는 것으로 치부됐다.

스탈린주의 반혁명은 부르주아 가족제도와 낡은 모성 관념을 떠받드는 것으로 이어졌다. 스탈린 정권 아래에서 국가는 여성이 오직 어머니·아내·주부 같은 모습을 갖춰야 한다는 생각을 주입했다. 1944년 스탈린은 얼마나 많은 자녀를 낳았는지를 기준으로 여성에게 호칭을 부여했다. '명예로운 어머니 훈장'을 제정해 여성을 분류했고, 10명 이상 출산한 여성에게는 '어머니 영웅'이라는 호칭을 부여했다. 독일과 이탈리아의 파시스트 지도자들이 전통적인 가족을 사회의 기강을 잡는 기본 토대로 간주했는데, 스탈린 치하의 소련에서도 가족이 그런 역할을 맡았다. 혁명 초기 몇 년간 자유로운 사랑과 가족의 소멸에 관한 해방적인 사고가 정점에 달했지만, 이제 그 모든 게 부도덕하고, 무정부주의적이며, 소부르주아적인 선전이라고 매도당했다.

골드먼이 자신의 책 《여성·국가·혁명》에서 거듭 강조했듯이, 스탈린 정권이 저지른 모든 범죄 중 가장 끔찍한 것은 스탈린 관료 체제가 '현실 사회주의'라고 온 세계가 믿게 만든 것이다. '노동자계급 내 노동자계급'인 여성에게 사회주의혁명이란 곧 위대한 승리를 뜻했고, 여성은 러시아혁명에서 영웅적인 역할을 해냈다. 그러나 노동자국가의 전면에 스탈린이 등장한 뒤 이 역사가 지워지기까지는 채 반세기도 걸리지 않았다.

1789년 프랑스혁명, 1871년 파리코뮌, 1917년 러시아혁명을 포함해 역사 속 혁명에서 여성은 없어서는 안 될 역할을 맡아왔다. 이 거대한 격변 속에서 여성은 인내와 용기, 영웅적 행동의 풍부한 사례를 남겼다. 그 뒤 100년 동안에도 노동자계급과 가난한 여성은 혁명적 변화와 거대한 사회적 격변을 이끌어갈 주인공으로서 능력을 지니고 있음을 역사는 끊임없이 보여줬다. 그럴 수 있었던 까닭은 레온 트로츠키도 지적했듯이, "새로운 것을 향해 더 큰 활력과 끈기로 투쟁할 수 있는 사람들은 낡은 것으로부터 가장 큰 고통을 겪어온 사람들"이기 때문이다.[7]

—

안드레아 다트리 글 · 오연홍 옮김
Andrea D'Atri, "Women in the Revolution, the Revolution in Women's Lives"
2017년 1월 11일 《좌파 사상》에 스페인어로 발표되고
2018년 3월 5일 《레프트 보이스》에 영어로 게재됨.

3장

여성해방의
전략을 위한 토론

《99% 페미니즘 선언》 서평:
전략에 대한 토론

2018년 벽두, 미국에 기반을 둔 활동가들과 지식인들은 '99%를 위한 페미니즘' 건설을 호소했다. 2011년 월가 점령 운동에서 영감을 얻은 이 개념은 낸시 프레이저, 친지아 아루짜, 티티 바타차리야가 작성한 선언으로 구체화돼, 2019년 3월 8일 발표됐다. [한국에서는 《99% 페미니즘 선언》 (박지니 옮김, 움직씨)라는 책자로 2020년 3월에 번역·출판됐다.] 새로운 페미니즘 물결과 저자들이 제안하는 반자본주의 전망에 대해 몇 가지 우리의 의견을 밝힌다.

'99%를 위한 페미니즘' 선언이 미국에서 쓰인 것은 우연이 아니다. 2017년 미국은 페미니즘 운동 부활의 진원지 가운데 하나였다. 1월 20일 트럼프가 대통령으로 취임하던 날, 이를 거부하는 여성 행진에 수백만 명이 거리로 쏟아져 나왔다.

다른 여러 나라에서도 여성 살해, 성적 학대, 가해자의 형사 면책, 피해자에 대한 비난 같은 남성 폭력으로부터 촉발된 거대한 여성 시위

여러 나라에서 출판된 《99%를 위한 페미니즘》.

가 터져 나왔다. 대표적으로 아르헨티나의 '니우나메노스'(2015년), 이탈리아의 '단 한 명도 잃을 수 없다'(2016년), 스페인의 '나는 너를 믿는다'(2018년) 시위를 들 수 있다. 소셜 네트워크에서도 미국의 '미투'(2017년)나 프랑스의 '그놈을 고발하라'(2017년) 같은 대규모 캠페인이 전개됐다. 동시에 다른 운동도 활발히 펼쳐졌는데, 폴란드의 임신중지권 제한 반대 시위(2016년), 아이슬란드의 임금 격차 항의 시위(2018년), 아르헨티나의 임신중지 합법화 요구 시위(2018년) 등이 무수히 많은 여성의 행동을 불러일으켰다. 페미니즘의 전망과 전략에 대한 토론이 계속 활성화돼 온 연장선에서 이 선언이 나왔다는 점도 우연이 아니다. 저자들이 지적하듯이, 페미니즘 운동은 '갈림길'에 서 있다.

이 선언은 자유주의 페미니즘의 헤게모니에 의문이 제기되는 시점에 나왔다. 자유주의 페미니즘은 수십 년 동안 젠더 평등에 관한 담론을 독점했다. 하지만 자유주의 페미니즘은 대다수 여성의 실존을 규정하는 임금노동 착취나 다양한 형태의 억압을 문제 삼지 않았다. '99%를 위한 페미니즘' 선언은 우리 시대의 여러 숨길 수 없는 징후를 반영한다. 우리 시대의 두드러진 특징 중 하나는 페미니즘과 여성운동이 새롭게 힘을 얻은 것이다. 세계 차원에서 여성 시위는 이제 자본주의사회에서 점점 더 확대되는 사회적 불만을 표출하는 통로로 기능한다.

우리가 보기에 특히 여성이 갖는 불만의 근원에는 하나의 모순이 자리하고 있다. 어떤 부문은 법 앞의 평등을 어느 정도 획득했다. 그리고 이것은 광범한 대중 사이에서 희망을 만들어낸다. 하지만 이는 일상에서 벌어지는 지속적인 불평등과 극명하게 대조된다. 불평등은 점점 악화하고, 다수가 새로이 '불법'으로 내몰리는 상황과 결합한다. 이것은 특히 거대 도시에서 성장한 세대를 화나게 하는데, 그들은 권리가 확장되고 이른바 젠더 평등과 다양성 존중을 추구한다는 정책이 시행되는 가운데서 성장했기 때문이다.

이 모순은 신자유주의가 수십 년을 거치며 축적된 끝에, 2008년 새로운 경제위기가 시작되면서 본격적으로 모습을 드러내기 시작했다. 새로운 경제위기는 1929년에 시작된 대공황만큼 극심하지는 않았지만 10년 이상 계속되고 있다. 그동안 사회 위기의 여러 요소가 발전하고 정치체제 자체가 지닌 부당함이 점점 더 드러났다. 새로운 페미니즘 물결은 바로 이런 상황에서 당장의 요구로 드러나는 것보다 훨씬 더 많은 불만을 표현하면서 전진해왔다.

반신자유주의와 반자본주의

✕ ✕ ✕

체제 전반이 위기에 처하면서 신자유주의 헤게모니에 의문이 제기됐다. 한 줌밖에 안 되는 소수가 어마어마한 부를 누리고 훨씬 더 많은 인류가 비참한 삶으로 내몰리고 있다는 사실이 폭로됐다. 2011년 ("우리는 정치인과 은행가에게 지배당하는 상품이 아니다"라고 했던) 스페인의 '5월 15일 운동', 그리고 이어서 ("우리는 99%이고 너희는 1%다"라고 했던) 미국의 '월가 점령 운동'은 자신의 부모보다 삶이 나빠질 거라는 사실에 맞닥뜨려야 했던 세대가 처음으로 자신을 정치적으로 드러낸 사건이다.

2015년부터 거대한 여성운동이 시작됐다. 그리고 이런 맥락에서 점점 더 많은 사람이 '젠더 불평등은 자본주의가 만들어낸 세계적 불평등과 분리해 해석할 수 없다'는 점을 인식하기 시작했다. 이런 생각은 인기를 얻고 있지만, 여전히 명확하게 정의돼 있지 않다. 자신을 '반자본주의'라고 여기는 여러 형태의 페미니즘은 여전히 전체 체제를 끝장내자는 제안 없이 신자유주의 정책의 가장 나쁜 측면만 겨냥한다. 하지만 신자유주의 페미니즘이 다수 여성 문제와 요구에 응답할 능력이 없다는 점만큼은 분명해지고 있다. 신자유주의 페미니즘은 여성을 자본가 민주주의 안에서 권력을 쥐는 지위에 올려놓는 것으로, 다시 말해 착취를 관리하는 위치에 포함시킨 것으로 충분하다는 생각을 선전함으로써 체제를 정당화하는 데 공모하고 있다.[1]

이런 출발점 아래 선언은 이렇게 말한다. “오늘날 반자본주의 페미니즘이 고려할 만한 선택지로 떠오른 배경에는 정치 엘리트를 향한 신뢰가 세계 곳곳에서 무너지고 있는 상황이 어느 정도 작용했다.” 저자들은 힐러리가 구현했던 페미니즘에 왼쪽에서 도전할 것을 제안한다. “자유주의의 쇠퇴가 만든 ‘**진공**’ 속에서 우리는 다른 페미니즘을 구축할 기회를 갖는다.”(강조는 필자의 것이다. 우리는 나중에 진공이라는 단어로 다시 돌아올 것이다.) 그들은 “왜 우리의 운동이 99%를 위한 페미니즘이어야 하는지” 설명하면서 “정의로운 사회에 도달할 때까지 나아가야 할 길을 표시”하려고 한다.

일치와 불일치: 선언이 말하지 않는 것

우리는 선언에서 여러 장에 걸쳐 테제 형태로 제시한 많은 개념에 동의한다. 우리는 자본주의 위기에 대한 선언의 규정에 동의한다. 젠더 폭력의 뿌리에 대한 선언의 규정에, 처벌 위주의 해결방식에 대한 비판을 포함해 동의한다. 자본주의 아래서 섹슈얼리티의 정상화와 단속에 대한, 그리고 섹슈얼리티를 해방할 필요에 대한 선언의 규정에 동의한다. 인종차별과 식민주의 폭력이 자본주의의 출발을 특징짓는다면서 선언이 이를 규탄하는 데 동의한다. 자본주의가 지구를 파괴로 이끌고 있다는 선언의 규정에 동의한다. 우리는 선언이 반제국주의, 생태사회주의, 국제주의 페미니즘을 호소하는 데 동의한다.

선언이 국제적으로 받아들여지는 상황은 수십 년 동안 반자본주의·사회주의·혁명주의 페미니즘 경향을 건설해왔던 우리에겐 의미심장한 일이다. 우리는 전문가 집단이 이끄는 자유주의 페미니즘의 헤게모니에 도전해왔다. 자유주의 페미니즘은 해방을 위한 투쟁 대신, 법적 평등을 향해 점진적으로 나아가는 길, 다시 말해 자본가 민주주의 안에서 권리를 확장함으로써 소수 여성이 능력주의적·개인적 성취를 실현하는 길을 제시했다. 또한 우리는 포스트모던 페미니즘에도 소수로서 맞서야 했다. 포스트모던 페미니즘은 '해체'나 '특권 돌아보기' 같은 말을 앞세우면서 마치 개인적인 자기인식 운동으로 특정 집단이 겪는 구조적·체계적 억압에 맞서 싸울 수 있는 것처럼 무기력하게 응답했다.

이번 선언이 세계적으로 매우 강력한 반향을 얻고 있는 건 고무적인 일이다. 선언 중심에는 여성이 자본주의 체제 안에서 구조적으로 억압당하고 있으며, 따라서 오직 급진적이고 집단적인 사회변혁으로만 여성 억압을 끝장낼 수 있다는 개념이 자리하기 때문이다. 그런데 그와 같은 변혁은 어떻게 시작될 수 있는가? 급진적 변화를 실현하기 위해서 선언은 이렇게 제안한다. "99%를 위한 페미니즘의 목표는 현재와 미래의 운동을 광범위한 전 지구적 변혁으로 통합하는 것이다."

그것이 전부다. 선언은 이 주제에 대해 더 이상 아무것도 말하지 않는다. 그래서 우리는 저자들이 사회운동의 힘에 무한한 믿음을 갖고 있다고 생각하게 된다. 저자들은 (선언에서 언급하지 않은) 자본주의 국가와 대결을 준비할 필요가 없는 것처럼 여기는 것 같다. 하지만 국가는 폭력을 독점하고 있을 뿐만 아니라 저항운동을 포섭하고 동화하는 다양한 메커니즘을 갖고 있다. 이것은 작은 문제가 아니다. 어떤 이들은 사회적 변화란 국가를 운영하거나 의회에서 활동함으로써, 즉 개량을 성취함으로써 이뤄진다고 개념화한다. 다른 이들은 사회 문제를 절대화하면서 정치투쟁을 무시한다. 불행하게도 급진적·변혁적 사회운동이 정치 영역에서의 투쟁을 거부하면 언제나 반동적·개량적 부문이 이 공간을 독점하는 것으로 귀결됐다.

99%를 위한 페미니즘이 자신의 목표를 실현하고자 한다면, 어떤 준비 과제를 완료할 필요가 있는가? 저자들은 테제11에서 대답한다. "우리는 누구보다도 그 운동 내의 좌파, 반자본주의 경향과 동맹을 맺어야 한다. 이들도 99%를 위해 싸우기 때문이다. 이 길을 따라가면 우리는 지금 자본이 내놓는 주요한 정치적 대안 두 가지와 정면으로 맞붙는다. 우리는 반동적인 포퓰리즘과 진보적인 신자유주의 둘 다 거부한다."

저자들과 달리, 우리는 정치에 '진공'이 존재할 수 있다고 믿지 않는다. 신자유주의 헤게모니에 위기가 닥치면서 그 대안으로 반동적인 포퓰리즘만 등장한 게 아니다. 다른 정치적 대안 세력도 나타났는데, 이들 또한 자본가 민주주의의 일부를 구성한다. 그런데 이상하게도 선언은 이를 언급하지 않는다. 우리가 말하는 건 그리스의 시리자나 스페인의 포데모스 같은 좌익 포퓰리즘 또는 신개량주의 정당이다. 시리자는 집권하자마자 그리스 민중에 맞서 트로이카와 유럽연합의 긴축 프로그램을 집행했다. 포데모스는 '분노한 사람들'의 희망에서 1978년 체제 중 일부로 스스로 전환한 뒤, 사회민주주의 경향을 지닌 사회노동당에게 연립정부를 세우자며 구걸하고 있다.[이 글이 발표되고 몇 달 뒤인 2019

년 말 연립정부를 구성했다.] 사례는 이들만으로 국한되지 않는다. 트럼프 같은 우익 포퓰리즘이나 다시 등장한 '진보적인' 신자유주의에 맞서는 제3의 대안이 지구상의 거의 모든 지역에서 다양한 변종의 형태를 취하며 시험을 거치고 있다. 자신을 '차악' 또는 좌익 포퓰리즘으로 내세우면서 말이다.

선언의 저자들은 테제4에서 이렇게 묻는다. "이윤을 만들어내는 자들이 자본주의의 사회적 모순을 사유재산 축적을 위한 또 하나의 기회로 바꿔낼 것인가? 그들은 심지어 젠더 위계를 재편하면서 페미니스트 저항의 중요한 흐름을 포섭할 것인가? 아니면 자본에 맞선 대중 반란이 마침내 '폭주 기관차에 올라탄 인류가 비상 브레이크를 잡는 행위'가 될 것인가?"

이 질문에 대한 답은 미리 정할 수 없다. 그 답은 단순히 사건들이 전개되는 데 있기보다 살아 있는 세력들의 투쟁, 즉 여러 운동 간의 투쟁과 계급투쟁에 달려 있기 때문이다. 또한 자본가계급의 전통적인 대표자들 모두 정당성을 상실해가는 상황에서 자신을 '차악' 또는 자본가 민주주의의 가장 온화한 얼굴로 내세우는 모든 세력의 가면을 벗기기 위해 오늘 우리가 수행하는 정치투쟁에 달려 있기 때문이다. 그러므로 지배계급이 진짜 반란, 즉 '자본에 맞선 대중의 반란'이 일어나는 걸 막기 위해 '페미니스트 반란의 중요한 흐름을 포섭'하려고 준비하고 있음을 널리 경고하는 건 혁명가들에게 시급한 과제가 아닐 수 없다.

선언이 이런 정치 영역에 대해 어떤 분명한 진술도 하지는 않았지만, 저자들 가운데 두 사람은 버니 샌더스에게 투표할 생각이라고 (거의 열광적인 수준으로) 공개 선언했다. 부의 재분배와 '사회주의'를 말하는 샌더스는 피에 굶주린 민주당의 경선 후보로 뛰고 있다. 미 제국주의의 성격이 '내부로부터' 변화할 수도 있을 것 같지만, 사실은 정확히 반대다. 자본주의 체제는 가장 카리스마 넘치는 지도자들조차 통합시켜 내는, 그럼으로써 그들이 대표하는 운동을 동화시키는 자신의 능력을 드러내왔다.

덧붙여 선언의 저자들이 잘 알고 있듯이, 좌익 포퓰리즘이 선거 공간에서 우익으로부터 빼앗고 싶어하는 '99%'는 같은 사람이 아니다. 반대로 '99%'는 하나의 추상적인 구조물로서, 한편에서는 중간 수준의 자본 소유자들을, 다른 한편에서는 크고 작은 자본가들에게 역사적으로 착취당해온 이들을 포괄한다. '99%'에는 엘리트 경영자들도 포함되는데 그들은 엄청나게 많은 소득 덕분에 재산을 축적하고, 매우 높은 수준의 소비를 감당하며, 형편없는 임금을 받는 미등록 이주노동자들을 유모·기사·요리사로 부리며 착취한다.

소자본가들과 반식민지 자본가들은 대체로 거대하게 집중된 금융자본가들의 하위 파트너다. 그들도 가끔 금융자본의 희생자가 되긴 한다. 하지만 그들은 기본적으로 다른 이들의 노동을 착취해서 살아간다. 그러므로 그들의 이해관계와 노동자계급 여성의 이해관계를 '1%'에 맞선 정치적 전망을 중심으로 화해시키기란 불가능하다.

산수와 다르게 정치에서 더하기는 때때로 빼기로 귀결될 수 있다. 이것은 샌더스의 선거 캠페인에서뿐 아니라 아르헨티나에서도 볼 수 있다. 아르헨티나에서는 마크리 대통령이 이끄는 우파 정부에 맞서 바티칸 교황청의 후원 아래 대부분의 진보·중도좌파·중도우파 야당이 '모두를 위한 전선'으로 단결했다. 미국과 아르헨티나 두 경우 모두 이런 단결은 다른 많은 나라에서처럼, 페미니즘 운동을 소자본가와 자본가정당에 (심지어 제국주의 당이거나 종교적인 당일지라도!) 복종시키려는, 다시 말해 페미니즘 운동을 여성의 이해관계에 맞서 또는 그에 상관없이 자본주의 체제를 유지하려고 애쓰는 정당들에 복종시키려는 시도다. (우리가 아르헨티나 사례를 언급한 건 최근 몇 년 동안 여성 결집이 가장 거대하게 일어난 곳 가운데 하나이며, 따라서 선언의 저자들도 고무적인 사례로 인용했기 때문이다.) 반대로 우리는 누가 우리의 동맹이고 누가 우리의 적인지 명확하게 구분하는 것이야말로 반자본주의 페미니즘의 당면 과제라고 여긴다.

여성 파업: 정체성 정치와 계급 정치 사이의 다리?

✖ ✖ ✖

'99%' 은유는 신자유주의 공세가 퍼부어진 수십 년 동안 착취당하는 계급과 억압당하는 부문이 원자화하고 파편화됐음에 기반한다. 그러나 자본주의 복고가 임금생활자계급의 겉모습만 바꾼 게 아니다. 그 과정에서 임금노동이 세계 차원에서 매우 넓게 확장됐다는 점을 말하는 것 또한 중요하다.

자본주의 역사에서 처음으로 여성은 이 거대한 노동자계급 중 대략 47%를 차지하게 됐다. 하지만 여성은 여전히 개별 가구에서 수행되는 무급 재생산 노동을 주로 책임진다. 정말 새롭고 흥미로운 사실은 오늘날 경제활동 연령 여성의 54%에 해당하는 13억 명 여성이 노동시장에 참여한다는 점이다. 이들은 기만적인 노조 관료들의 향수 속에나 남아 있는 '백인 남성 노동자계급'이라는 이미지를 극적으로 바꾸고 있다.

우리는 페미니스트 운동이 노동자계급의 전통적인 투쟁 수단인 '파업'이라는 단어를 채택하는 것은 (절대적인 숫자는 아닐지라도 최소한 사회적으로는) 사회 다수를 대표하는 노동자계급 구성에서 생긴 변화가 반영된 것이라 여긴다. 비록 페미니스트 조직 대부분은 이 구호를 쓰지 않지만,[2] 파업이라는 구호는 페미니즘 운동이 훨씬 더 많은 여성 노동자와 새로운 대화를 열어가는 도구로서 기능한다. 기존 페미니즘 운동은 여전히 주로 도시의 운동이며, 의식적인 소자본가 부문이 정치적 이데올로기적 헤게모니를 행사하고 있다는 점에서 이런 변화는 의미 있다. 파업이라는 구호는 또한 여성들이 노동조합의 관료적인 지도부에 도전하는 무기이기도 하다. 조합원들 가운데 점점 더 많은 부분을 차지하는 여성이 요구하는 것에 대해 구체적인 지지를 실천하라고 지도부에 요구하면서 말이다. 종종 여성은 자신의 요구를 듣게 하려고 노동조합 바깥에서 결집해야 하기도 하며, 때로는 심지어 노동조합에 가입할 권리 자체를 갖고 있지 못하기도 하다.

그런데 우리는 선언에서 언급한 '파업의 재발명'(테제1)이라는 게, 페미니스트들의 모든 행동이 무엇이든 파업으로 불릴 수 있음을 의미할 수는 없다고 본다. 또한 "'노동'으로 여길 수 있는 게 무엇인지에 대한 관념을 넓힘으로써 시야를 확장"한다면서, 그렇게 확장된 개념의 노동을 멈추자고 호소하는 걸 의미할 수도 없다고 본다. 저자들은 ["여성 파업은 노동 범주를 임금노동으로 제한하는 걸 거부하면서 가사노동, 섹스, 미소 또한 중단한다"

면서] 가사노동의 중단과 섹스와 미소의 중단을 혼란스럽게 뒤섞는다. 로나 핀레이슨은 이런 유형의 파업이 갖는 한계를 이렇게 지적한다.

"임금을 지불받는 노동의 중단은 영구적인 이윤 손실의 형태로 자본가들에게 타격을 가한다. 무급 재생산 노동의 중단은 그렇게 간단하지 않다. 만일 노동이 어린이나 나이 든 가족처럼 취약한 이들에 대한 돌봄노동의 형태를 취한다면, 중단은 가능한 선택일 수 없다. 만일 노동이 빨래나 청소처럼 생사를 가르는 문제가 아닌 경우라면, 여성이 나중에 그 일을 하거나 아니면 다른 이가 하게 될 것이다. 또는 아무도 하지 않는다면, 집이 점점 지저분해질 것이다. 기껏해야 남편이나 남자친구가 부끄러워하면서 여성이 하던 일을 하게 될 것이다. 자본가들은 고통당하지 않는다. 아니 심지어 신경도 쓰지 않는다."

반대로 파업에 대한 새로운 관심은 여성 임금생활자들이 고용주·국가·노조 관료와 대결하는 데 충분히 지원받을 수 있게 하는 힘으로 쓰여야 한다. 특히 선언이 묘사하고 있듯이, "임금과 노동시간만이 아니라 성적 괴롭힘, 성폭행, 재생산 정의를 가로막는 장벽, 파업권 제한 등에도 집중"할 때 말이다.

반자본주의 페미니즘은 노조 관료들의 분열 책동에 맞서 단결하기 위해 노동조합 내부에서 투쟁하는 것을 당면 과제로 삼아야 한다. 특히 제조업과 서비스를 포함해 여성이 집중된 부문에서 말이다. 그러나 선언은 노동자계급·파업·반자본주의·계급투쟁을 말하면서도 노조 관료는 언급하지 않는다. 위험하게도 선언은 노동조합 전반을 관료적 지도부의 부문주의적 · 경제주의적 · 퇴행적 정책과 동일시한다.

노동자계급의 조직을 관료들의 손아귀에서 되찾아 전체 노동자계급의 진정한 민주적 조직으로 변화시키는 것 또한 하나의 준비 과제다. 그래서 정주노동자와 이주노동자 사이의 분열, 서로 다른 젠더를 가진 이들 사이의 분열, 직접고용 노동자와 간접고용 노동자 사이의 분열을 강화하는 대신 그에 맞서 싸우는 조직으로 변화시켜야 한다. 또한 노동조합에 가입할 법적 권리를 갖고 있는가에 상관없이 모든 노동자를 포괄하는 조직으로 변화시켜야 한다.

이런 전망으로 미루어볼 때, 노동자 운동에서 오랜 역사를 가진 이 기관은 사실상 한 세기 이상 끊어져 있었던 노동자계급과 페미니스트 운동을 연결하는 다리를 재건하면서 훨씬 더 효과적으로 파업을 만들어낼 수 있을 것이다. 그러나 선언은 파업이라는 도구를 사용하자고 제안하면서도 그것을 실제로 가능하게 할 전략은 부정하는 기반 위에 서 있다.

계급투쟁에 기반을 둔
반자본주의·혁명주의·사회주의 전략을 위하여

저자들은 이 선언이 사회적 재생산 이론의 개념 틀을 바탕으로 작성됐음을 첫 번째 테제에서부터 분명히 보여준다. '자본주의는 잉여가치 추출에 기초한다'는 주장이 불완전하다고 저자들은 지적한다. 그러면서

"자본주의가 흐릿하게 감추려는 진실, 즉 이윤을 만들어내는 임금노동은 대부분 무급 노동으로 이뤄지는 사람 만들기 없이는 존재할 수 없다는 진실"이 있다고 말한다. "따라서 자본주의사회의 임금노동제도는 잉여가치만 감추는 게 아니다. 자본주의의 성립이 가능해지는 조건인 사회적 재생산노동이라는 출생 모반도 감춘다."

저자들이 보기에 현재 진행 중인 자본주의 위기는 근본적으로 사회적 재생산 위기다. 사회적 재생산이라는 개념은 앞에서 언급한 무급 가사노동에만 국한되지 않는다. 의료·교육 등 서비스 부문에서 주로 여성이 수행하는 임금노동에 대한 착취를 매개해 사회적 재생산이 수행된다는 점을 포괄한다. 사회적 재생산 위기가 갖는 세 번째 측면은 제국주의가 만든 위계질서를 토대로 대도시에서 전문직에 종사하며 좋은 급여를 받는 진보적 여성들이 가사노동에서 스스로 '해방'되기 위해 이주민, 유색인종 여성을 불안정한 조건으로 고용한다는 점이다. 그렇게 고용된 여성은 자신의 집에서 수행해야 할 가사노동을 누군가에게 떠넘겨야 한다. 고용된 여성의 딸이나 어머니는 어떤 종류의 급여도 받지 못한 채 자신의 형제자매나 손자 손녀를 돌보고 청소와 요리를 해야 한다. 그들은 이 사슬에서 가장 취약한 위치에 있다.

마르크스주의자로서 우리는 경제주의, 계급 환원론, 노동조합주의를 철저히 경계한다. 동시에 저자들의 논리적 귀결점에도 반대한다. 우리는 노동자계급이 '공장이나 광산에서' 노동하는 이들로만 한정되지 않는다는 점에서 저자들에 동의한다. 노동자계급은 "농촌, 가정, 사무실, 호텔, 식당, 병원, 어린이집, 학교, 공공부문, 민간기업 등에서 일하는 사람, 프레카리아트, 실업자, 무보수로 일하는 사람" 모두를 포괄한다.

우리는 노동자계급의 사회적 구성에 대한 묘사에 동의하지만, 그로부터 끌어낸 정치적 입장에는 동의하지 않는다. 저자들은 노동자계급의 모든 부문이 자본주의 체제와 대결하는 데서 "똑같이 중심적"이라고 주장한다. 저자들은 "계급투쟁은 사회적 재생산을 둘러싼 투쟁도 포함한다"면서 특히 주택공급·대중교통·무상교육을 위한 투쟁을 거론한다. 저자들은 이런 투쟁이 "사회를 완전히 뒤집을 잠재력을 지닌 채 이제 우리 운동의 최선두를 차지한다"고 주장한다.

하지만 저자들의 주장과 모순되게, 우리는 노동자계급이 이러한 운동에 참여할 때 '일반 시민'으로서 해소되는 것을 본다. 다양한 부문의 요구를 반자본주의 투쟁과 융합시키는 것을 노동조합 지도부가 거부하기 때문이다. 노조 관료들은 대중의 요구가 급진화하는 걸 철저히 차단하기 위해 사회운동에 참여하는 다른 계급과 부문의 정치 지도자들과 공모하며 제도권 정당들을 활용한다.

선언의 저자들은 테제11에서 "산업 임금노동자의 우위를 내세우는 건 계급의 연대를 발전시키는 게 아니라 오히려 약화시킨다"고 말한다. 자본주의에 치명적 타격을 가하기 위해서는 생산과 서비스의 주된 바퀴가 굴러갈 수 있게 하는 부문의 사회적 힘이 필요하다. 바로 자본가계급의 이윤 창출이 가능하게 만드는 부문이다. 이 부문에 여성은 몇 십 년 전보다 훨씬 더 높은 비율로 참여하고 있다. 물론 이 부문은 자본주의 아래 억압받는 다른 모든 부문과 동맹을 건설해야 한다.

이런 이유로 우리는 스스로 반자본주의라고 주장하는 모든 페미니즘이 노동자 운동의 부문주의와 관료주의 지도자들에 맞서 싸울 필요가 있다고 믿는다. 그들은 임금생활자들의 경제적 요구와 광범한 대중에게 영향을 미치는 민주주의 요구를 갈라놓으려 한다. 이런 분리는 자본주의에 이로울 뿐이다. 또한 반자본주의 페미니즘은 관료주의, 부문주의 경향의 사회운동 지도자들에도 맞서 싸울 필요가 있다. 그들은 자본주의에 맞선 투쟁에서 노동자계급의 집중화된 부문의 결정적 역할을 부정하면서, 민주주의 투쟁을 제한적인 개량주의 전망 아래로 종속시키려 한다. 하지만 이는 자본주의 위기 상황에서 점점 더 실현 불가능해지고 있다.

다르게 말하자면, 반자본주의 페미니즘은 노동자계급의 페미니즘이자 노동자계급을 위한 페미니즘이어야 한다. 노동자계급은 자본주의가 자신을 작동시키기 위해 전략적 지위에 놓은 사회적 주체다. 바로 이로부터 노동자계급은 동맹을 건설할 수 있다. 그 점을 분명히 하지 않는다면, 반자본주의 페미니즘은 개량의 지평선을 넘어설 힘이 없는 운동으로 용해되고 말 것이다. 물론 노동자계급의 가장 집중화된 부문이 객관적으로 혁명적인 잠재력을 현실화하려면, 자본에 억압받는 모든 부문을 (심지어 모든 계급을) 이끄려는 실질적이고 의식적인 의지를 수립해야만 한다.

그런 의지를 수립해내는 것 또한 하나의 준비 과제다. 새로운 페미니스트 물결이 세계적인 사회적·정치적 급진화 과정의 일부로서 등장했던 1970년대와 달리, 오늘날에는 개량주의 전망이 여전히 지배적이다. 그러나 우리는 비관하지 않는다. 계급투쟁의 새로운 현상과 새로운 페미니즘 물결을 포함한 국제적인 정치 현상은 새로운 단계로 나아가는 전주곡일 수 있기 때문이다. 만일 반자본주의 페미니즘이 관객으로 머무는 것 이상이길 열망한다면, 만일 현실을 변혁하기 위해 현실에 단호히 개입하기를 열망한다면, 정치적 이데올로기적 전투를 전개해서 여성운동의 다수가 이런 혁명적 전망을 채택하고 스스로 미래의 사건에 대비하는 것을 오늘날 자신의 과제로 삼아야 한다.

우리는 마르크스주의를 잔혹한 전체주의로 변질시켰던 경제주의 경향에 이론적·정치적으로 반대한다. 전략적 집중점을 가진 마르크스주의는 선언을 발표한 이들처럼 가부장적 자본주의를 풍부하게 분석하고 서술해내는 것뿐 아니라, 전략적 가설을 과감히 실행하고 조직을 건설해야 할 과제 앞에 서 있다. 이것은 억압당하고 착취당하는 여성이 억압당하고 착취당하는 모든 이들과 함께 완강하고 끈질긴 저항으로부터 승리의 쟁취로 (상황이 허락할 때) 전진하는 데 필수적이다.

—

안드레아 다트리, 셀레스테 무리쇼 글 · 양준석 옮김
Andrea D'Atri and Celeste Murillo, "Feminism for the 99%: A Debate about Strategy"
2019년 7월 28일 《좌파 사상》에 스페인어로 발표되고
2019년 8월 20일 《레프트 보이스》에 영어로 게재됨.

생산과 재생산:
자본주의는 여성을 이중으로 억압한다

19세기 중반부터 20세기 초반에 걸쳐 여성 노동 인구는 점점 더 증가했다. 여성들은 처음에는 자본주의 발전하면서, 이어서 제1차 세계대전 중에는 남성 노동자가 '부족'해서 임금노동자가 됐다. 그러나 이것은 여성의 정치적 권리가 결여됐다는 모순을 드러냈다. 여성은 남성과 마찬가지로 자본가에게 착취당하는 노동시장으로 진입해야 했다. 여성이 삶의 한편에서 경험하는 새롭고 상대적인 '평등' 덕분에 법에 규정된 남성과 여성 사이에 자리한 부당하고 낡아빠진 불평등은 지속 불가능해졌다. 이 모순은 영국과 그 밖의 선진국에서 교육받은 여성들이 주도했으며 여성 노동자 상당수가 동참한 여성의 권리와 참정권을 향한 투쟁의 원동력 중 하나였다.[3]

자본주의 국가의 여성이 투표권 같은 가장 기초적 권리를 위해 투쟁하는 동안, 러시아혁명으로 탄생한 이행기의 노동자국가는 가사노동의 사회화를 촉진하기 위한 조치를 취하고 있었다. 이는 여성이 가정에 고립된 상태를 종식시키고 공적·정치적 생활에 참여시키는 것을 목표로 삼는 볼셰비키 여성해방 정책의 기본 요소 중 하나였다. 이 사회화 정책은 내전 발발과 심각한 경제위기 때문에 완벽히 실현되지는 못했다. 나중에 스탈린 체제는 전통적 성역할을 장려하면서 이 정책을 박살냈다.

1970년대에 2세대 페미니즘은 사적 영역과 정치적 영역 사이의 관계를 강조했다. 여성들은 20세기 중반 이후 자본이 제도화하고 안착시키려 애썼던 것, 즉 정치적 영역(생산·임금노동)과 사적 영역(재생산·무급 노동) 사이의 분할에 의문을 제기했다. 자본주의 생산방식에서 가사노동의 역할에 대한 첫 번째 논쟁이 시작됐다. 가사노동은 잉여가치를 생산하는가? 가사노동으로 유지되는 가부장제 생산방식은 자본주의 생산방식과 구별되는가? 아니면 재생산 노동이 교환가치 생산에 따라 결정되고 종속되는 단일한 자본주의적 가부장 체제가 존재하는가?

1972년 자율주의 페미니스트 마르크스주의자인 마리아로사 달라 코스타와 셀마 제임스는 《여성의 힘과 공동체의 전복 *The Power of Women and the Subversion of Community*》이라는 책을 이탈리아와 영국에서 동시 출간했다. 그들은 재생산 노동이 자본주의에 필수적이지만, 무급 노동이기에 그 중대한 역할이 눈에 띄지 않는다고 주장했다. 그들은 뉴욕의 실비아 페데리치, 파리의 브리지트 갈티에와 함께 국제페미니스트연합을 결성했다. 이는 위 관점을 옹호하고 '가사노동 임금 지급 운동'을 위한 네트워크를 통해 여러 나라의 실천을 통합하기 위한 것이었다.

리즈 보걸은 1983년에 《마르크스주의와 여성 억압: 단일 이론을 향하여*Marxism and the Oppression of Women: Toward a Unitary Theory*》를 썼는데, 이때는 대중이 급진화했던 시기가 끝나고 신자유주의의 첫 번째 반격이 시작되던 시기다. 보걸은 자본주의 젠더 질서가 자본주의 생산방식과 노동자계급 가정의 사회적 연결에 기반해 있다고 주장했다. 이 주장은 노동과 자본의 관계와 완전히 구별되는 가내 생산 방식의 관점뿐만 아니라 초역사적 가부장제와도 대조를 이룬다.

가사노동 임금 지급 운동의 주장을 담은 유인물.

최근 수십 년간 놀라울 정도로 노동력의 여성화가 진행됐는데, 이것은 남성과 여성 모두 노동의 불안정성이 증대하던 시기에 일어난 일이다. 그와 동시에 여성들은 민주적 권리 차원에서는 비교적 성과를 얻었다. 대부분의 선진국과 많은 반식민지 국가에서 다양한 젠더를 가진 시민 사이의 평등을 주장했다. 이것은 '법 앞의 평등'과 '일상의 끊임없는 불평등' 사이에서 극명한 모순을 경험하는 여성들의 열망을 고조시켰다.

이 모순은 미국에서 이주민사회와 연대해 트럼프 행정부의 외국인 혐오 정책에 맞서 시위를 벌인 국제적 여성운동을 일으켰다. 아르헨티나에서는 여성운동이 임신중지권을 위해 투쟁 중이며, 스페인에서는 국가가 조장하는 여성 폭력에 맞선 거대한 대중시위가 일어났다. 이것은 최근 여성운동이 조직한 대중 행동의 몇 가지 사례에 불과하다. 이 새로운 물결은 '여성 파업'과 '우리 삶이 아무 가치가 없다면 우리 없이 생산해 보라'와 같은 구호를 통해 노동자 운동의 언어와 형태를 재구성하고 있다.

이런 표현은 21세기 노동자계급의 성장하는 계급의식(다만 여성의 얼굴을 한)을 예고하는 것일까? 새롭게 여성화된 노동자계급은 아직 국제 여성운동의 작은 분파에 불과한 사회주의 페미니즘이 여성 노동자 대중을 조직할 수 있도록 이끌 것인가? 우리는 그 과정을 수동적으로 기다릴 수 없으며, 이를 앞당기기 위한 행동에 나서야 한다. 새로운 여성운동의 성과와는 무관하게 노동자들이 1970년대와 매우 다른 모습을 보이는 장면이 나타난다. 따라서 가부장제와 자본주의의 관계, 그리고 여성이 압도적으로 수행하는 재생산 노동에서의 관계가 어떻게 나타나는지에 대한 페미니즘과 마르크스주의 간 오래된 논쟁을 갱신해야 한다.

사회적 재생산 이론에 대한 이 논쟁은 다시 활기를 띠면서 보걸의 대표 저작이 재조명받고 있다. 특히 '99%를 위한 페미니즘'을 건설하려는 미국 학자들과 활동가들에 의해서 말이다. 보걸은 이렇게 지적했다.

"정치적으로, 사회주의 운동과 사회주의 페미니즘 운동은 두 가지 유혹에 굴복하지 않은 채 여성을 위해 투쟁해야 하는 어려운 과제에 직면해 있다. 우선 자본주의사회의 틀 안으로 제한된 평등을 위해 투쟁하는 부르주아 페미니즘을 경계해야 한다. 다른 한편, 계급투쟁을 지나치게 단순화하거나 경제적 사안으로만 보는 관점에 여성해방을 향한 투쟁이 종속돼서는 안 된다. 문제를 다르게 표현하자면, 여성해방에 헌신하는 사회주의자들은 정치권력을 향한 장기간의 페미니즘 투쟁과 사회변혁을 연결할 적절한 방법을 찾아야 한다."[4]

국제주의와 사회주의를 내건 페미니즘 단체 빵과장미에 우리 활동이 반영된 이런 관점에서, 우리는 실비아 페데리치의《임금의 가부장제》(이 책에는 새로운 논쟁에 대해 그가 쓴 최신 글이 포함돼 있다)라는 스페인어 문집의 분석에 착수했다. 이 기사는 그 논쟁의 모든 측면을 다루려는 시도가 아니라 첫 번째 기고가 될 것이다.

가치 있는 노동과 노동의 가치

✕ ✕ ✕

페데리치는 생산적 노동을 교환가치를 창출하는 것으로 본 마르크스의 정의에서 '남성적' 편견을 발견한다. 그는 이 정의가 대부분 여성이 수행하는 재생산 노동에 대한 경제적 보상의 결여를 정당화한다고 주장한다. 재생산 노동은 자본주의에서 유일하게 진정 유용한 것으로 취급되는 임금노동과는 대조적으로, 사회적으로 '저평가'된 노동이다. 페데리치는 이렇게 썼다.

"마르크스는 [자본주의의] 시초 축적 과정에서 농민들이 토지에서 분리됐을 뿐만 아니라, 생산 과정(시장을 위한 생산, 상품 생산)이 재생산 과정(노동력의 생산)에서 분리됐다는 사실을 인식하지 못했다. 생산과 재생산은 물리적으로 분리됐으며, 이를 서로 다른 집단의 사람들이 수행하기 시작했다. 생산은 주로 남성이, 재생산은 주로 여성이 수행했다. 생산에는 임금이 지급됐지만, 재생산에는 그렇지 않았다."[5]

그러나 마르크스의 《자본론》에서 '생산적' 또는 '가치'라는 표현은 도덕적 가치판단을 의미하는 게 아니다. 어떤 노동이 가치를 창조하지 못한다고 해서 그 노동이 쓸모없는 노동이라는 의미를 갖는다고 해석하면 안 된다. 사실 마르크스는 무역과 금융의 비생산적인, 즉 가치를 창조하지 못하는 속성을 강조했는데, 그것은 자본 순환에 필수적이지만 잉여가치를 창조하지 못하고 따라서 생산적이지도 못하다. 그렇다고 누구도 《자본론》의 저자가 자본주의에서 무역과 금융(이들 부문은 가사노동과 달리 확실히 엄청난 수익을 창출한다)의 필수 역할을 인식하지 못했다고 주장할 수는 없을 것이다.

마르크스는 생산적 노동을 가치를 창조하는 노동이라고 정의한다. 이 정의는 확실히 독창적인 것으로 자본주의 생산방식의 분석에 기초한다.

"생산적 노동이란 노동의 특정 내용, 또는 그것이 드러낸 특정한 유용성 또는 특정한 사용가치와는 그 자체로 전혀 무관한 노동의 질을 뜻한다. 따라서 동일한 내용의 노동은 생산적 노동일 수도, 비생산적 노동일 수도 있다."[6]

마르크스는 재생산 노동의 특징을 특별히 다루지 않았지만, "그 외형적 분리를 넘어 생산과 재생산 사이의 필수적인 연결고리를 확립"했다.[7] 《정치경제학 비판 요강》 서문에서 마르크스는 생산, 순환, 경제적인 자본 재생산으로 구성된 자본주의 경제의 범주를 훨씬 폭넓은 사회적 물질대사 속에서 이해해야 한다고 설명했다. 그 사회적 물질대사는 사회의 재생산에 필수적인 모든 활동을 포함한다. 이것은 오로지 시장에만 주목하는 부르주아 정치경제학은 외면하는 주제다. 그러므로 마르크스는 모든 생산방식에서 가사노동이 수행하는 역할을 이해하기 위한 기초를 제공한다. 가사노동은 교환가치는 되지 못하지만, 사용가치를 생산한다. 좀 더 정확히 말하면, 가사노동은 자신이 수행되는 바로 그 사적 영역 안에서 '생산적 소비'로 행해진다. 이 과정은 노동력의 재생산에 반드시 필요하다. 사회적 재생산 이론가인 티티 바타차리야는 마르크스와 마찬가지로 인간 노동을 '모든 인류 역사의 첫 번째 전제'로 본다.

"자본주의는 (…) 시장을 위한 생산적 노동만을 정당한 '노동'의 유일한 형태로 인정한다. 반면에 노동력의 유지와 재생산을 위해 계속되는 엄청난 양의 가족과 공동체의 노동, 더 구체적으로는 여기에 투입되는 여성의 노동력은 당연하다는 듯 없는 것으로 취급된다."[8]

자본주의는 여성을 무급 재생산 노동으로 추방했는데, 오늘날에는 여성 대다수에게 더 무겁게 재생산 노동의 짐을 지우고 있다고 표현하는 게 정확하다. 자본주의는 노동력 재생산을 위해 이뤄지는 이 무급 노동에 의존한다. 비록 이 활동이 교환가치를 창조하지는 않기 때문에, 즉 시장에서 교환되지 않기 때문에 잉여가치가 발생하는 것은 아니지만 말이다. 재생산 노동은 꼭 필요하지만, 가치나 잉여가치를 창조하지는 않는다. 따라서 자본의 논리로는 비생산적 노동이다.

재생산 노동이 사회적으로 인정받고 가치를 평가받기 위해 꼭 잉여가치를 창출해야 할 필요는 없다. 반면 어떤 페미니스트 이론가들은 재생산 노동이 노동력 상품을 '생산'한다면 생산적인 것으로 인정해야 한다고 주장한다. 하지만 이 이론가들이 주장하듯이, 가부장제의 이데올로기적·문화적 억압은 여성이 경제적 보상 없이 개별 가정 내에서 수행하는 재생산 노동을 '생산적'이지 않은 것으로 보이게 만든다.[9] 그러나 프랑스 마르크스주의자 다니엘 벤사이드는 이렇게 지적한다.

"시장에서 실제로 자본의 지배를 받는 노동과 사적 행위를 측정하는 각각의 기준을 비교하기란, 예컨대 부엌일과 호텔 노동을 테일러주의 식으로 계량화하기란 어렵다. 측정 수단은 동의하기 힘든 자의적 선택에 달려 있다. 즉 어떤 사람이 가사활동을 하는 기간에 노동시장에서 일했다면 벌 수 있었던 소득이 얼마인지, 시장에서 동일한 서비스를 받기 위해 얼마를 지불해야 하는지(시장에서의 구입 가격)를 계산에 포함시킨다."[10]

지난 몇십 년간 페미니스트와 마르크스주의자 사이의 논쟁에서, 우리는 벤사이드의 견해를 지지해왔다. 그는 이렇게 지적했다. "마르크스의 개념을 고유의 분야 밖으로 무분별하게 전용(轉用)한 것은 문제를 모호하게 했다. 교환가치 및 생산적 노동의 개념을 그런 식으로 사용한 것이 실증하듯이 말이다."[11]

가족의 (재)생산

✕ ✕ ✕

자본주의의 생산적 노동에 대한 정의가 '남성적 편견'이라고 독특하게 해석하는 페데리치는 같은 맥락에서 "임금 노동자계급의 형성이라는 관점에서가 아니라 매일 매세대 노동력을 생산하는 주방과 침실의 관점에서 본다면, 자본 발전의 역사가 어떤 모습일지"를 궁금해진다.[12] 이 질문을 던지며 그는 노동력 재생산과 자본주의 체제의 사회적 재생산에서 여성 지위에 관한 마르크스(이후에는 마르크스주의)의 관점(더 정확히는 무지)이라고 간주한 것에 대한 비판을 제기한다.

《자본론》에서 노동력이 상품으로 어떻게 생산되는지 그 속성을 파헤치지 않은 건 맞다. 하지만 마르크스는 가부장제 사회의 특징인 성별 노동 분업이 [자본주의의] 시초 축적 시기에 처음 등장한 게 아니라 자본주의 이전부터 존재했다고 본 점을 짚고 넘어가야 한다. 가부장제는 이미 존재했다. 자본주의가 한 것은 가부장적 관계를 자기 고유의 논리로 변용하고, 그것을 자신의 필요에 종속시킨 것이었다.

마르크스에게 자본주의란 유기적 총체, 즉 교환가치의 창조와 잉여가치의 생산을 중심으로 한 체제를 뜻했다. 이런 관점에서 보면, 자본주의 생산방식은 (교환가치를 생산하는 능력이 있기 때문에 독특하고 특별한 상품인) 노동력 착취를 중심으로 돌아간다. 자본주의는 임금노동의 착취에서 이득을 얻는다. 그러나 이 말은 자본주의가 잉여가치를 창출하는 중심 구조에 포함된 다른 형태의 비임금 노동에서 이득을 얻지 못한다는 뜻은 아니다. 바타차리야는 《자본론》에서 "마르크스가 이런 두 번째 순환을 이론화하지 않고, 다만 '노동자계급의 유지와 재생산은 자본 재생산을 위한 필수 조건으로 남는다'라고만 간단히 언급했다"고 주장한다.[13]

보걸 역시 가족, 즉 자본주의보다 앞서지만 특출한 '재생산 단위'인 가족의 역할을 강조한다. 보걸은 노동자계급 가족, 즉 노동력이 재생산되는 가족이 자본주의 체제에서 필수 불가결한 역할을 한다는 주장을 계속한다. 또한 "노동자 가족 형태의 내부 구조와 동학에 최우선으로 몰두하는 대신, 그것이 자본의 재생산과 맺는 구조적 관계로 시야를 돌릴" 것을 주장한다.[14]

가족을 자본주의의 지배적인 사회적 관계의 맥락 속에 두는 것은 과거부터 있었던 이 제도의 역할을 인식할 수 있도록 한다. 물론 그 가족은 자본주의적 기능과 가족 내부 동학이 분리되지 않은 채 성과 나이의 위계가 작동하는 특수한 형태의 노동자계급 가정으로 변형된 것이다.

모순 속에 가능성이 있다

페데리치는 19세기 후반 이후로 산업혁명 시대의 노동자계급 가정은 더 이상 볼 수 없다고 주장한다. 그는 마르크스와 엥겔스가 자본주의적 착취로 가정이 파괴되는 것을 목격했으면서도 여성이 노동의 세계로 들어가는 걸 긍정적으로 평가했다고 지적했다. 즉 페데리치는 마르크스가 "가부장제의 새로운 형태, 가부장적 위계의 새로운 형태를 창조하는" "개조의 과정"이 진행 중이란 점을 깨닫지 못했다고 주장한다.[15]

《임금의 가부장제》 저자들은 이렇게 말한다. "19세기 후반부터 남성 노동자 임금에 가족 임금제가 도입되면서(1860년부터 1910년대까지 임금이 두 배 올랐다), 여성은 작업장에서 추방돼 집으로 돌아가야 했다. 가사노동이 여성의 첫 번째 직업이 됐고, 여성은 [남성에게] 의존하게 됐다."[16]

페데리치에 따르면, 자본주의는 갈수록 착취에 저항하는 노동자들을 달래기 위해 노동자계급 가정을 창조한 것이다. 이는 노동자계급을 좀 더 생산성 높고 다루기 쉬운 집단으로 만들 것이었다. 그러나 이 주장은 계급투쟁의 모순적 전개 과정을 고려하지 못한 것이다. 이러한 반(半) 음모론적인 관점에 따르면, 지배계급은 착취의 조건뿐만 아니라 아무런 장애·저항·모순 없이 노동자계급을 재생산할 수 있는 조건도 강제할 무한한 권력을 가진 것처럼 보인다.

페데리치가 기술한 변화는 남성 가장과 그의 월급에 의존해 노동력을 재생산하는 가정주부로 상징되는 핵가족의 성립 부분에서 정점을 찍는다. 페데리치에게 이 변화는 다음의 역사적 과정 없이 나타난다. 즉 임금 인상 투쟁, 노동시간 단축 투쟁, 부분적 승리와 패배, 계급 간 힘의 균형이 허용하는 최선의 상태에서 임금노동의 착취를 계속하기 위해 자본가들 역시 할 수밖에 없는 양보 말이다. 이 과정은 자본주의 생산

방식에서 발생하는 다른 과정과 마찬가지로 모순적이다. 한편으로 여성은 생산적 세계에서 추방되는데, 이는 여성이 오로지 무급 재생산 노동에만 전념하도록 해 노동력 가격을 줄일 목적을 갖는다. 그러나 다른 한편 이것은 착취 가능한 인구, 즉 자본가들이 잉여가치를 얻어낼 인구가 감소하는 것으로 이어진다.

노동자계급이 남성·여성·성인·아동을 가리지 않고 착취하는 산업의 탐욕에 맞서 가족관계를 착취로부터 보호한 것은 그들의 생활 조건을 향상하기 위해 자본과 대결한 것을 뜻하기도 했다. 학교·병원 등과 같은 공공서비스를 대중적으로 이용함으로써 노동자의 생활 조건이 개선되고, 재생산 노동의 무거운 부담 일부가 가정에서 자본주의 국가로 이전됐다. 전 세계에서 노동자 대중이 공공서비스의 민영화와 폐지에 저항하는 이유가 이것이다. 그것은 노동자계급에 재정 타격을 주며, 가정에서 주로 여성이 수행하는 재생산 노동의 필요량을 증가시키기 때문이다.

최근 수십 년간, 신자유주의의 형태를 띤 자본주의는 착취를 증대하기 위해 노동조합과 기타 노동자계급 조직을 공격해왔다. 그것은 또한 다음을 통해 노동력의 사회적 재생산 과정에도 영향을 미쳤다. 공기업의 민영화, 사회보장 프로그램의 축소, 공교육과 보건 서비스의 질을 떨어뜨리는 긴축 정책, 대중교통 및 기타 필수 서비스의 요금 인상. 이런 긴축은 노동자 민중의 가정경제에 심각한 영향을 미쳤다. 제국주의에 억압받는 나라들의 외채 문제를 규탄할 때, 우리는 빚을 갚기 위해 취해지는 긴축 정책으로 여성들이 경제적 보상 없이 수행하는 재생산 노동이 증가한다는 것을 알게 된다. 자본의 공격에 맞선 투쟁은 또한 "'문명의 몫'을 요구하는 계급의 노력"이기도 하다.[17] 따라서 '임금의 가부장제'에 규율되는 가족이 자본주의적 기능을 취하는 측면도 있지만, 이는 가족이 자본과 노동의 투쟁으로 각인되고 계급투쟁으로 정의되는 모순에서 벗어나 있다는 뜻은 아니다.

자본주의 생산은 임금노동을 착취해 잉여가치를 창출하는 것을 중심으로 돌아가기 때문에 이런 모순은 불가피하다. 그러나 노동력의 사회적 재생산 없이 그런 착취도 불가능하다. 민중 대다수를 점차 임금노동자로 전환하면서, 자본은 재생산 과정을 불안정하게 만든다. 낸시 프레이저가 주장하듯이 이것은 다음의 모순을 반영하는 반복적 위기로 이어진다. "(이 모순은) 자본주의 경제 '내부'에 있는 것이 아니라, 생산과 재생산이 동시에 분리되고 연결되는 경계에 있다. 경제 내부도 아니고 가정 내부도 아니며, 자본주의사회의 두 가지 필수 구성요소 사이에 위치한 모순이다."[18]

따라서 자본주의의 핵심 기능은 페데리치의 주장과 달리 '주방과 침실'에서 찾을 수 없다. 비록 그곳에서 일어나는 일이 자본주의 생산방식에 따라 만들어지더라도 말이다. 벤사이드의 표현으로는 "임금 결정에서 가사노동의 간접적 통합은, 잉여가치 추출이라는 특정한 의미의 착취관계 대신 개인화된, 때로는 법으로 명시된 의존관계를 만들어낸다. 이 관계는 현대의 계급관계보다는 위계적 지배관계에 더 가깝다."[19] 이것은 바타차리야가 "임금노동 관계가 일상의 무임금 영역을 가득 채우고 있다"고 지적하면서 거의 격언처럼 정의한 것이다.[20]

이 피할 수 없는 연결 고리는 여성 억압에 맞선 투쟁이 반자본주의, 더 정확하게는 사회주의적이고 혁명적인 관점에서 이뤄져야 한다는 걸 의미한다. 그와 동시에, 여성 억압에 맞선 행동 강령 없이는 자본주의적 착취에 맞서는 노동자계급 투쟁도 있을 수 없다. 이 체제에서 여성 억압은 노동력의 무급 재생산을 당연한 일인 것처럼 만든 데 근거하고 있기 때문이다.

결론을 향해 나아가기

✕ ✕ ✕

생산과 재생산의 모순 관계에 대해 논쟁하면서 다음의 중요하고 새로운 발전상을 간과해서는 안 된다. 자본주의 역사상 최초로 여성이 세계 임금노동자의 약 40%를 차지한다. 여성 경제활동 인구의 54%가 노동시장에 참여하고 있다.[21] 13억 명이 넘는 이 여성 중 얼마나 많은 수가 자신과 가족의 노동력을 재생산하기 위해 무급 노동의 부담 역시 지고 있겠는가? 얼마나 많은 수가 자신이 노동시장에서 착취당할 수 있도록, 즉 재생산 노동의 양을 줄이기 위해 자기 임금을 사용해서 유급 가사노동을 이용하고 있겠는가?

세계 차원에서 노동력 구성의 경이로운 변화는 노동자계급 가정에도 급진적 변화를 가져왔다. 전적으로 여성의 임금만으로 유지되는 가정은 얼마나 될까? 싱글맘이 유지하는 가족은 얼마나 될까? 경제적 보상이 있든 없든, 다른 여성 임금노동자를 위해 가사노동과 돌봄을 수행하는 여성들의 네트워크가 가지는 특징은 무엇인가?

이처럼 새롭고 복잡한 현실은 경제적 조합주의의 계급 환원론이 설 자리를 남겨두지 않는다. 그것은 오로지 남성, 특히 백인, 정주민, 이성애자 노동자계급을 인식할 뿐이다. 그러나 우리는 여성을 가정주부의 고정된 상에서 해방하기 위한 투쟁에 제한돼서는 안 된다. 여성의 생활 조건은 최근 수십 년간 계속 변화해왔다. 우리는 자본주의를 이처럼 노동력의 새로운 여성화를 포함하는 유기적 총체로 봐야 한다. 재생산 영역에서 여성 투쟁은 점차 여성화되는 노동자계급 투쟁에 어떤 영향을 미칠 것인가? 세계 차원에서 페미니즘의 재등장으로 여성이 힘을 얻은 것은 착취당하는 여성들에게 어떤 영향을 미칠 것인가? 또 노동자계급의 가장 억압받는 부문을 통합할 수 없는 남성 노동조합주의에는 어떤 결과를 가져올 것인가?

모든 종류의 가부장적 억압에서 여성을 해방할 열망을 가진 페미니스트라면 자본주의가 만든 장애물을 피해갈 수 없다. 무엇보다 명확한 건 오늘날 8명의 남성이 35억 명의 사람(이들 중 70%는 여성이다)이 가진 것만큼의 부(富)를 소유하고 있다는 사실이다. 여성은 더욱 가난해지고, 불안정한 비정규직 일자리에 고용될 것으로 보인다. 이것은 재생산 노동이 수행되는 조건과 별개의 문제가 아니다.

우리가 건설하려는 사회가 무엇인지에 대한 숙고 없이, 성 불평등에 맞서 싸울 수는 없다. 세상에서 가장 부유한 8명에 여성 4명이 포함될 수 있도록 싸우자는 건가? 아니면 가장 가난한 사람끼리 성평등을 이루자는 건가? 우리 사회가 돌아가는 핵심, 즉 자본 축적이라는 문제를 제쳐두고 여성해방을 이론화하는 게 가능하겠는가? 물론 작업장에서 이뤄지는 투쟁과 사회적 재생산의 공간에서 이뤄지는 투쟁 사이에는 차이가 있다. 그러나 우리는 결국 지배계급이 강제한 분열과 반목에 맞서는 길, 자본주의가 역사적으로 갈라놓은 것을 통합하는 길을 찾아야 한다. 그 어느 때보다도 바로 지금 우리는 이 길로 나아갈 수 있다. 왜냐면 우리 여성은 아마 처음으로 그 과제가 우리, 즉 노동자계급에 관한 것이라고 말할 수 있기 때문이다.

—

셀레스테 무리쇼, 안드레아 다트리 글 · 김요한 옮김
Celeste Murillo and Andrea D'Atri,
"Producing and Reproducing: Capitalism's Dual Oppression of Women"
2018년 9월 11일 《레프트 보이스》에 영어로 게재됨.

엥겔스, 여성 노동자,
사회주의 페미니즘

친구의 죽음에 여전히 영향을 깊게 받고 있던 엥겔스는 1883년, 런던
에 위치한 마르크스의 집에서 마르크스가 미완성으로 남겨둔 편지·원
고·메모 더미를 살펴보고 있었다. 자료들 속에서 엥겔스는 마르크스가
미국 인류학자 루이스 헨리 모건의 저작에 관해 남긴 일련의 메모를 발
견했다. 모건의 마지막 책 《고대사회*Ancient Society*》가 바로 몇 해 전 출판
된 터였다. 두 친구는 이 주제로 여러 차례 의견을 나눴고, 엥겔스는 몇
가지 생각을 정리할 수 있어 들떴다. 마르크스의 인류학 메모를 기초로
엥겔스는 친족, 가부장제 가족, 결혼제도, 일부일처제 형태의 변화와 특
히 연관된 사회 조직에 대한 역사 유물론적 분석을 전개했다. 《가족, 사
적소유 국가의 기원》이라는 엥겔스의 저작이 1884년 출판됐는데, 이후
이 책은 사회주의 페미니스트에게 필독서가 됐다.

　나는 아래에서 이 책의 근본적인 공헌뿐만 아니라 이 책이 불러일
으킨 논쟁 몇 가지를 지적할 것이다. 그에 앞서 먼저 여성해방에 관해

1884년 출판된 엥겔스의 책 《가족, 사적소유 국가의 기원》은 여성 억압에 맞선 투쟁에서 여전히 중요한 의미를 지닌다.

마르크스와 엥겔스가 처음으로 내놓은 입장의 전체 맥락을 고려할 필요가 있다.

엥겔스는 1845년 출판된 《잉글랜드 노동자계급의 처지 *The Condition of the Working Class in England*》에서 처음으로 여성 노동자가 겪는 이중 억압을 기술했다. 이 책은 독자에게 영국 노동자계급의 생활, 노동조건, 도시의 과밀상태, 거대한 고난을 직접 보여줬다. 엥겔스는 이것을 유토피아 사회주의부터 공산주의에 이르기까지 다양한 사회주의 운동이 출현하게 된 토대로 봤다. 엥겔스는 당시 24세였는데, 엥겔스가 1892년 독일어판 서문에서 설명했듯이 그가 훗날 마르크스와 협력하며 발전시키는 과학적 사회주의의 관점은 그 책에서 아직 시작 단계에 머물러 있었다.

《잉글랜드 노동자계급의 처지》는 자본주의사회에 대한 훌륭한 시각적 비유로 시작된다. 엥겔스는 템스강을 거슬러 올라가 런던에 입성할 때 경험했던 충격을 기술한다. 여행자는 도시의 놀라운 발전, 건물의 숫자, 선박, 번영하는 문명의 모든 상징에 매혹된다. 그러나 그곳을 떠나 '슬럼[빈민가]'으로 이어지는 좁은 거리를 걸을 때, 그는 다음과 같은 사실을 이해하기 시작한다.

"이 런던 사람들이 도시에 가득 찬 문명의 모든 경이로움을 실현하기 위해 인간 본성의 가장 뛰어난 자질을 희생하도록 강요당했다는 것, 소수가 자기 능력을 더 완전하게 발전시키고 다른 이들과 연합해 능력을 강화하기 위해 그들 내면에 잠들어 있는 백 가지 능력을 억눌러왔다는 걸 처음으로 깨닫게 된다."[22]

엥겔스는 자본주의가 만들어낸 잔혹한 불평등을 언급하는데, '문명의 모든 경이로움'은 사회의 거대한 부문, 즉 아무것도 가지지 않은 노동자계급을 짓밟아 성취한 것이다. 엥겔스의 시선은 이제 노동자계급 이웃 속으로 한층 더 파고든다. 더럽고 비좁은 거리, 난방이 안 되는 집, 식량부족을 드러내면서 말이다. 이어 엥겔스는 섬유 산업 종사자 중 다수인 여성 노동자를 특별히 언급한다. 그들은 남성 노동자와 마찬가지로 하루에 10~12시간 일했지만, 더 적은 임금을 받았다. 또 위기가 닥치면 여성 노동자들은 제일 먼저 해고됐다. 여성 노동자는 집으로 돌아오면 요리·세탁·육아 등의 돌봄을 해야만 했다. 비록 엥겔스가 이 책에서 자본주의사회 노동자계급 여성의 역할을 다루는 이론을 전개하지는 않았지만, 그는 반복해서 특히 여성에게 영향을 미치는 사회 현상을 강조했다. 엥겔스가 보기에 자본주의 사회질서는 노동자계급 가족의 해체를 초래하고 있었다. 그 존재 조건을 불가능하게 만들면서 말이다.

"이런 사회질서에서 살아가는 노동자에게 가정생활이란 거의 불가능하다. 불편하고 더러운 집, 밤에 몸을 누일 곳조차 못 되고, 가구도 형편없으며, 대부분 비도 새고 온기도 없는 곳, 사람이 너무 많아 방 안에 탁한 공기가 가득한 집에서 편히 쉬기란 불가능하다. 남편은 하루 내내 일하고, 때때로 부인과 자녀들까지 각자 다른 곳에서 일한다. 그들은 밤과 아침에만 만난다. 음주의 유혹이 끊이지 않는다. 이런 처지에 무슨 가정생활이 가능하겠는가? 그런데도 노동자는 가족에게서 벗어날 수 없고 가족과 살아야 한다. 그 결과 부모와 자식 모두의 도덕을 피폐하게 만드는 가족 문제와 가정불화가 끊임없이 이어진다."[23]

15세~20세 사이의 여성은 섬유 공장에서 일하고 있었으며, 많은 아동도 마찬가지였다. 엥겔스는 여성 노동자들이 매우 자주 "출산 후 3~4일 만에 공장으로 돌아가야" 했으며, 휴식 시간에 수유하기 위해 일터에서 집으로 달려갔다고 지적했다. 여성 노동자가 공장에서 12시간 혹은 13시간을 일하는 동안 아이들은 친척이나 이웃이 돌봐주거나 맨발로 주변을 헤매고 있었다. 게다가 작업장에서 성적 학대가 만연했다. 엥겔스에 따르면 "다른 노예 상태처럼, 또는 그보다 더 심한 정도로, 공장에서의 노예 상태 때문에 자본가는 초야권[初夜權, 중세 영주가 신랑보다 먼저 신부와 잠자리를 같이 할 수 있는 권리]을 누린다. 이런 측면에서 고용주는 노동자의 인격과 아름다운 외모를 지배하는 군주이기도 하다."[24]

이런 이유에서 엥겔스는 "아내의 고용은 완전하게 그리고 필연적으로 가족을 해체하며, 가족에 기반한 현대 사회에서 이런 가족의 해체는 부모와 아이 모두에게 심대한 악영향을 미친다"고 주장했다.[25] 오늘날의 사회는 가족에 기반해 있지만, 동시에 가족을 해체하기도 한다. 가족의 존재가 불가능한 조건을 만들어서 말이다. 이런 파괴적 모순은 여성 노동자와 전체 노동자계급이 살아가고 투쟁하는 조건에 엄청난 영향을 미친다. 아직 충분히 발전하지는 못했지만, 마르크스와 엥겔스는 이 생각을 계속 이어나갔다.

두 사람은 이 문제로 돌아와, 여성해방을 향한 투쟁의 필요성에 대한 정의, 가부장적 억압의 기원에 대한 분석, 가부장제 가족에 대한 급진적 비판을 내놓는다. 《신성 가족*The Holy Family*》이라는 책에서 그들은 유토피아 사회주의자 푸리에의 사상을 받아들인다. 푸리에는 "사회의 진보와 시대의 변화는 자유를 향한 여성의 진보라는 미덕을 통해 이루어지며, 사회의 퇴보는 여성의 자유가 줄어든 결과로 발생한다"고 주장했다. 많은 유토피아 사회주의자들은 이전부터 여성 억압 문제를 다뤄 왔다. 어떻게 이를 극복할 것인지 대안을 제시하면서 말이다. 이런 전통에서 가사노동의 사회화, 일부일처제 종식, 자유로운 사랑의 필요성뿐만 아니라, 소규모 공산주의 사회의 청사진을 그리면서 개별 주택의 구조를 개조할 필요와 같은 문제가 검토됐다. 유토피아 사회주의자들이 고안했던 이런 개요는 꽤 모호했다. 그들은 그 목적에 어떻게 다다를 것인지, 그리고 어떤 사회적 힘으로 달성할 것인지 명확하게 밝히지 않았다. 미국에서 로버트 오언이 시도한 공동체 경험은 성공적이지 못했다. 그러나 엥겔스가 이후 저작에서 지적했듯이, 오언의 글을 통해 유토피아 사회주의자들은 미래 공산주의 사회의 첫 번째 씨앗을 뿌렸다.[26]

사회주의 페미니즘의 선구자인 플로라 트리스탄의 작업은 유토피아 사회주의와 과학적 사회주의 중간에 있었다. 그는 자신의 책《노동자 연합*The Workers' Union*》(1843년)에서 노동자계급의 사회정치적 조직에 대한 제안을 개괄했으며, 처음으로 계급과 젠더의 관계를 다뤘다. 이 책의 세 번째 장은 전적으로 여성에게 할애됐는데, 그는 여성을 프랑스사회의 '마지막 노예'라고 불렀다. 그는 책을 통해 노동자들이 이 문제를 숙고해야 한다고 요구했고, 여성을 고려하지 않은 채 인간해방의 과업을 지속하기란 불가능하다고 언급했다.[27]

마르크스와 엥겔스는《공산당선언》에서 다음과 같은 생각을 거듭 주장했다. 자본주의는 노동자계급 가족 구성원 모두를 동등하게 착취하고, 많은 여성과 아이들을 작업장 안으로 밀어 넣어 노동자계급의 전통 가족을 파괴하는 경향이 있다는 것이다. 그러나 동시에 마르크스와 엥겔스는 부르주아들의 '이중 잣대'를 비난했다. 즉 부르주아들은 공산주의자들이 '부인 공유제'를 도입하기를 원한다고 비난하지만, 여성을 자기 소유물로 여기면서 사회적으로 남성에게만 허용되는 간통이나 성매매로 이를 실현한 건 정작 부르주아들이었다.

《자본론》도 여러 번 여성 노동을 언급하고 있다. 산업예비군을 구성한다는 점에서, 또한 여성과 아동노동에 대한 잔혹한 착취라는 측면에서 말이다. 그러나 가족제도와 여성 억압의 원인에 대한 가장 체계적인 분석은, 위에서 언급한 대로 엥겔스의《가족, 사적소유 및 국가의 기원》에서 전개됐다.

가족, 여성 노동자, 그리고 공산주의

✕ ✕ ✕

《가족, 사적소유 국가의 기원》은 여전히 꼭 읽어야 할 책이다. 비록 모건의 연구가 이제 시대에 뒤떨어졌고, 이 책이 역사 시기를 구분하는데 다소 도식적인 관점을 보이더라도 그렇다. 그 책은 무엇보다도 여성억압의 역사적 기원을 지적하고 있기에 여전히 필수적이다. 여성 억압이 항상 존재했거나 자연적인 게 아니라 역사적이고 사회적이란 점을보여준다. 이와 관련해 엥겔스는 베벨과 같은 다른 사회주의 이론가들의 저작에 관해서도 논쟁을 벌였다.[28] 엥겔스 책이 출판된 이후, 베벨은모건에 대한 엥겔스의 언급을 포괄하며 자신의 저작을 수정했다. 카우츠키는 직전에 이 주제에 관한 책을 냈는데, 여성의 종속은 인류사회의시초로 거슬러 올라갈 수 있다고 주장했다. 마치 여성 억압이 언제나존재했던 것처럼 말이다. 엥겔스는 그것이 사실이라고 보지 않았다. 그대신 엥겔스는 좀 더 평등하고 심지어 모권(母權)에 기반한 '원시 사회'가 있다고 봤으며, 그 역사를 강조하고자 했다.

엥겔스는 사적소유의 등장, 사회의 계급 분할, 그리고 여성이 종속적 역할을 하는 가족제도의 정립 사이의 관계를 입증했다. 결혼과 일부일처제의 성립을 거쳐 여성과 아이들은 '남성의 사적 소유물'이 됐다.이와 관련해 엥겔스는 이렇게 썼다.

"남성은 집안에서도 주도권을 쥐었다. 여성은 지위가 하락해 노예상태가 됐고, 남성 정욕의 노예로, 자녀를 낳기 위한 단순한 도구로 전락

했다. (…) 아내의 정조, 따라서 누가 자녀의 아버지인지 확실히 하기 위해 아내는 남편의 절대 권력 하에 놓인다. 남편이 아내를 살해하더라도 이는 그의 권리 행사에 불과하다."[29]

게다가 이 책 초판 서문에는 엥겔스가 가족 문제와 사회에서 여성의 역할을 고찰한 중심점으로서, 생산과 재생산 사이의 관계를 강조한 중요한 구절이 있다.

"유물론의 관점에 따르면, 최종적으로 역사를 규정하는 요인은 직접적인 생활의 생산과 재생산이다. 이것은 다시 두 측면으로 나뉜다. 한편으로 그것은 의식주를 위한 물품과 그걸 생산하는 데 필요한 도구 즉 생활 수단의 생산이다. 다른 한편으로 그것은 인간 자체의 생산, 즉 종의 번식이다. 특정한 역사 시기에 특정 지역의 인간이 생활하게 되는 사회 제도는 두 종류의 생산으로 규정된다. 한편으로 노동의 발전 단계에 따라, 다른 한편으로 가족의 발전 단계에 따라."[30]

이 구절은 여러 차례 인용됐으며, 다양한 이론적 입장에 따라 의문이 제기됐다. 엥겔스가 아직 살아 있는 동안, 여성해방을 향한 투쟁을 사회주의 강령의 근본 요소로 옹호하려는 사람들과 그것을 받아들이기 꺼리는 사회민주당 내 보수적인 지위 사이에 논쟁이 있었다. 예를 들어 1886년 10월 고타에서 열린 독일 사회민주당 대회에서 체트킨은 여성 노동자와 사회주의 문제를 다루는 중요한 연설을 했다. 그는 여성해방을 향한 투쟁은 사회주의를 향한 투쟁과 연결돼 있으며, 따라서 여성들 속에서 사회주의 선동과 노동조합 내 여성 조직을 늘리는 게 필수라고 주장했다. 여성 혐오적인 입장으로 유명한 영국 사회주의자 벨포트 백스는 그 연설을 거세게 비판했다.[31] 백스는 체트킨에 맞선 논쟁 과정에서 엥겔스의 권위에 호소하려고 했다. 그 문제에 대한 엥겔스의 관점을 인용하면서 말이다.

엥겔스와 매우 친밀했던 마르크스의 막내딸 엘리노어 마르크스는 백스에게 공개적으로 답변했는데, 이 문제에 관해 엥겔스와 체트킨의 입장이 일치해 있다고 재차 단언했다. 엘리노어는 가사노동 문제와 여성 노동자가 감당해야 하는 이중 부담을 강조했다. 그는 여러 유럽 국가에 존재하는 여성 노동자 수를 지적했다. 영국에서 약 450만 명, 프랑스에서 370만 명, 이탈리아에서 350만 명, 독일에서 500만 명 이상, 오스트리아-헝가리에서 350만 명. 이처럼 주요 유럽 국가에서 여성 노동자가 2,000만 명 이상이며, 많은 경우 이들은 노인, 아동, 또는 실직한 남편을 대신해 생계비를 버는 사람들이다. 엘리노어는 한때 집에서 이뤄지는 많은 작업이 현대적 생산 작업의 일부였지만, 여전히 많은 양의 일이 개별 가정에서 개인적으로 이뤄지고 있다는 사실을 언급했다. 이 모순에 대해 그는 이렇게 썼다.

"공장 노동과 기타 임금노동 외에도, 여성은 가사노동 또한 수행해야 한다. 나는 백스나 그의 의견을 따르는 누군가가 자본주의 산업화가 여성을 가정주부에 부과된 의무였던 여러 중요한 역할에서 해방시켰다고 지적할 수 있다는 걸 알고 있다. 여성은 더 이상 집에서 양말을 뜨개질하거나, 아마포를 바느질하는 등의 일을 하지 않으며, 다른 가사노동 일거리도 최소한으로 줄어들었다. 그러나 여전히 청소·세탁·요리 등과 같은 가사노동이 남아 있다. 자본주의는 아직 가사노동 기계를 발명하지도 못했고, 동시에 실직한 남편이 집과 아이들을 돌보는 수준으로, 그러니까 자신의 아내가 무거운 짐에서 벗어나게 '가정적'이 되도록 하지도 못했다. 그렇다, 백스 동지. 체트킨은 엥겔스와 함께 여성은 '가정의 프롤레타리아'라고 말할 완전한 권리가 있다. 체트킨은 이보다는 자본주의 체제 아래 여성은 이중의 프롤레타리아라고 말했어야 했다. 여성은 해야 할 일이 두 종류다. 공장에서 생산자로서의 일과 가정에서 주부·아내·어머니로서의 일 말이다. 여성 노동자의 근육과 혈액은 한편으로는 자본가의 즉각적인 이윤을 위해 소모되며, 다른 한편으로는 자본가의 미래 이윤을 위해 소모된다. 프롤레타리아의 새로운 세대를 낳고 키우기 때문이다. 여기서도 일하고, 저기서도 일해라!"[32]

우리가 확인할 수 있듯이, 엘리노어의 단호한 대답에서 엥겔스가 직접 언급된다. 엘리노어와 체트킨뿐만 아니라 다른 사회주의 지도자들도 이후 여성 노동자들을 조직하고 여성의 사회적·정치적 권리를 위해 투쟁하는 데 집중했다. 가정에서 수행되는 가사노동의 이중 부담을 규탄하면서 말이다. 수십 년 후 러시아혁명은 이런 사상을 실제 현실로 만들기 위해 시도했다. 러시아혁명은 다음과 같은 몇 가지 기본 조치를 가능하게 했다. 임신중지와 이혼의 합법화, 혼외 자녀의 인정, 여성에 대한 동등한 임금, 가사노동의 사회화를 위한 조치로서 유아원·급식소·어린이집·빨래방의 설립. 나중에 특히 1930년대에 이 분야에서 나타난 후퇴는 내부 반혁명의 맥락에서 일어났다. 스탈린의 억압적 독재가 공고해지는 동안, 여성을 전통적 가족 내 '가정의 수호자'로 여기는 반동적 이데올로기가 다시 자리 잡기 시작했다. 이후 공산당들이 여성 투쟁이 마치 노동자계급 투쟁보다 부차적인 것처럼 계급투쟁과 분리하는 정책을 폈던 이유는 마르크스주의자들이 애초부터 이 문제를 잘못 이해했기 때문이 아니었다. 그것은 노동 관료들의 입장에서 계급 쟁점에 대한 경제주의적 태도를 정당화하려는 목표로 마르크스주의를 비틀어 놓은 결과다.

가부장제, 생산과 재생산

�✕ ✕ ✕

1960~1970년대에 2세대 페미니즘과 함께 엥겔스의 책에 대한 또 다른 논쟁이 등장했다. 한편으로 슐라미스 파이어스톤과 케이트 밀럿 같은 급진주의 페미니스트 작가들은 가족제도를 당연시하지 않고 여성 억압을 하나의 사회 현상으로 개념화한 건 엥겔스의 공헌이라고 썼다. 동시에 그들은 역사 유물론 전반이 일종의 '경제주의'인 것처럼 비판했다. 일례로 파이어스톤은 성별 계급투쟁을 기반으로 새로운 역사 유물론을 발전시킬 필요가 있다는 제안을 하는 데까지 나아갔다.[33] 파이어스톤은 경제주의 버전의 마르크스주의를 비판하면서, 이를 섹슈얼리티 문제에 초점을 맞춰 뒤집는다. 그러나 파이어스톤은 사회적 관계의 물질적·경

제적 현상의 중요성을 삭제하거나 줄이면서 관념적 개념으로 나아가는데, 그에 따라 변화의 가능성은 문화 운동에 국한된다. 이런 바탕 위에서 그 후 몇 년간 급진주의 페미니즘 운동 안에서 생겨난 분리주의 경향은 사회에서 억압받는 다양한 부문 사이의 어떠한 공동 투쟁에도 반동적인 방식으로 반대했다.

앞서 《가족, 사적소유 국가의 기원》에서 인용한 바로 그 구절은 생산 영역을 삶의 재생산 영역에서 과도할 정도로 분리시키며 계속되는 오류를 만드는 근원이라고 다양한 관점으로부터 비판받았다. 엥겔스가 생산 영역을 재생산 영역과 '이원론적으로' 분리했다는 의견은 마르크스주의 페미니스트 보걸이 1983년 발간한 《마르크스주의와 여성 억압: 단일 이론을 향하여》에서 내놓았다.[34] 이 비판은 좀 더 최근에는 수잔 퍼거슨 같은 다양한 작가들에게 받아들여졌는데, 이들은 자신이 사회적 재생산 이론으로 정의한 이론을 발전시켰다.[35] 퍼거슨이 보기에 엥겔스의 저작이 사회주의 페미니즘에 근본적인 공헌을 했다 해도, 엥겔스가 제공한 관점은 이후 사회민주주의 정당과 공산당이 여성의 '특별한' 투쟁은 노동자계급 투쟁과 분리될 수 있다거나 심지어 혁명 이후로 '연기'될 필요가 있다고 주장하도록 이끌었다는 것이다.

그러나 내가 보기에 자주 인용되는 엥겔스의 구절은 그런 분리를 상정하지 않는다. 이와 반대로 그것은 두 영역 사이의 관계를 수립하는데, 아리아네 디아스가 지적하듯이 이것은 "엥겔스의 분석에서 정확히 새로운 것이다. 엥겔스는 여성 억압의 문제를 사회적 생산이라는 이론적 수준으로, 마르크스주의의 핵심 관심사 중 일부로 끌어올렸다."[36] 그리고 여성 억압을 사회 현상 및 생산과 재생산과 연관시켜, 여성의 종속을 자연스러운 것으로 여기는 모든 형태의 생물학적 결정론에서 이 문제를 분리시킨다.

지난 몇 년간 사회적 재생산 이론에 대해 쓰인 새로운 기고와 그로 인해 비롯된 수많은 논쟁을 여기서 다룰 생각은 없다. 이 주제를 자세히 분석하기 위해 독자들은 여러 기사를 참조할 수 있다.[37] 그러나 사회주의 페미니즘의 관점에서 "생산과 재생산의 관계를 이해하는 것, 그리고 자본주의 아래 재생산이 생산에 종속된 구조를 강조하는 건 투쟁의 전략을 세우는 데 필수적"이라고 지적하는 게 중요하다.[38]

가족 안에서 여성이 수행하는 가사노동에 대한 체계적인 마르크스주의 이론화가 1960~1970년대 2세대 페미니즘 논쟁의 맥락 속에서 나타났던 것은 사실이다. 당시 다양한 이론적 입장과 정치전략이 페미니즘 운동 내에서 논쟁했다. 그러나 이 말은 마르크스주의자들이 이전에는 여성 문제를 중요한 주제로 보지 않았다는 것을 뜻하지 않는다. 또한 여성 억압에 맞선 투쟁의 목표를 민주적 권리 획득, 여성의 경제적 독립을 위한 더 평등한 노동시장 참여로 제한하려 하지도 않았다. 여성 억압은 근본적인 주제였고, 가사노동의 사회화를 향한 투쟁 역시 그랬는데, 여성들은 또한 '가정의 프롤레타리아'이기도 했기 때문이다. 그리고 이런 모든 투쟁은 자본주의를 끝장낼 사회주의 전략과 연결돼 있었다. 엥겔스는 이런 관점을 1885년에 쓴 편지에서 드러냈다. "남성과 여성의 진정한 평등은 남녀 쌍방에 대한 자본의 착취가 폐지되고, 사적인 가사노동이 공적인 산업으로 재편될 때 실현될 수 있다고 나는 확신합니다."[39]

엥겔스가 사회주의 페미니즘에 남긴 유산과 관련해서, 가부장제 가족과 결혼제도에 대한 엥겔스의 날카로운 비판이 오늘날에도 여전히 매우 강력하게 유효하다는 점에 주목하는 게 중요하다. 특히 이는 신자유주의와 자본주의가 위기에 빠진 상황에서 전통적·가부장제적 가족의 역할을 무조건 복원해야 한다고 주장하는 보수적이고 '가족주의'적인 입장이 확대되는 상황에서 더욱 그렇다. 엥겔스는 가족제도가 '자연적'이지도 않고 폭풍 한복판의 '오아시스'도 아니며, 경제적 의존에 기반해 있고 가부장적 위계 관계가 스며들어 있으며 그 안에서 사회적 모순이 재생산된다는 점을 상기시킨다. 이 가부장적 제도와 남편이 여성을 '소유'한다는 관념에 대한 비판을 중심에 두지 않고서는 젠더에 기반한 폭력을 이야기하기 어렵다. 동시에 위에서 언급한 대로 자본주의는 수백만 명의 사람들에게 집과 직업 같은 권리마저 허락하지 않으면서 노동자 가족의 생활 조건을 악화시키는데, 가족을 이 사회의 기둥 중 하나라고 주장하면서 그렇게 한다. 이것은 엄청난 모순을 만들어낸다.

엥겔스의 관점에서는 가족과 결혼이 강제적인 경제적 의존의 단위로 존재하기를 그쳤을 때, 그리고 재생산 노동이 사회화됐을 때, 더 나아가 '아동에 대한 돌봄과 교육이 공적인 업무'가 됐을 때 비로소 여성은 가부장제 억압에서 벗어날 수 있다.[40] 엥겔스가 이렇게 썼을 때 세계의 많은 곳에서 여성들은 여전히 집에서 자기 아이들을 교육하고 있었다는 점에 주의해야 한다. 그때는 보편적 공교육이나 유치원이 존재하지 않았다. 오직 부르주아 여성들만 여성 노동자의 저임금 노동을 이용해 자기 아이를 돌보는 일에서 완전히 벗어날 수 있었다. 역사적 차이를 넘어 이것은 여전히 핵심 의제로 계속되고 있다. 유치원, 아동의 생애 최초 몇 개월간 무상 보육을 보장하지 않는 자본가 정부의 정책이 시행된 결과로 교육과 공중 보건에서 일어난 퇴보를 고려하면 말이다. 좀 더 최근에는 팬데믹 기간에 아이들의 온라인 교육을 도와줘야 했던 많은 여성 노동자가 삼중 부담을 감당하는 걸 목격해야 했다.

마지막으로 인간 사이의 감정적·성적 관계를 규제하고 제약을 가하는 사회적 메커니즘에 대한 엥겔스의 비판은 이런 장애물이 극복된 사회를 상상할 수 있게 한다. 사적소유와 인류 대다수에 대한 착취로 지배되는 사회가 강제하는 제약에서 개인적 관계가 해방될 수 있는 사회, 따라서 사랑·섹슈얼리티·우정이 새로운 기반 위에 재건될 수 있을 사회를 떠올리도록 한다.

—

호세피나 마르티네스 글 · 김요한 옮김
Josefina L. Martínez, "Engels, Working Women, and Socialist Feminism"
2020년 11월 21일 《논쟁Contrapunto》에 스페인어로 발표되고
2020년 11월 28일 《레프트 보이스》에 영어로 게재됨.

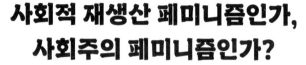

사회적 재생산 페미니즘인가,
사회주의 페미니즘인가?

수잔 퍼거슨의 《여성과 일: 페미니즘·노동·사회적 재생산》에 대하여

2020년 플루토 출판사에서 수잔 퍼거슨의 책 《여성과 일: 페미니즘·노동·사회적 재생산》이 발행됐다.[41] 이는 억압과 자본주의적 착취에 맞선 투쟁에서 사회주의 페미니즘, 사회적 재생산 페미니즘, 그 밖의 여러 정치전략 간에 벌어진 논쟁을 파헤쳐볼 수 있는 좋은 기회를 제공한다.

　이 책을 펴내면서 퍼거슨은 '사회적 재생산 페미니즘의 쇄신', '자본에 맞선 투쟁 중심에 억압에 맞선 투쟁을 배치하는 변혁적 정치를 위해 더욱 탄탄한 이론적 기반을 마련하는 작업'에 기여하는 걸 목표로 삼았다. 이 목표 아래 퍼거슨은 책의 첫 대목에서 역사적 개괄을 시도하면서, 다음의 세 가지 경향이 있다고 규정한다. 평등 페미니즘, 비판적 평등 페미니즘(또는 사회주의 페미니즘), 사회적 재생산 페미니즘. 책의 두 번째 부분에서 그는 사회적 재생산 페미니즘 내에서 진행된 다양한 논쟁을 다루고, 자율주의 페미니즘에 반론을 제기한다. 마지막 대목에서는 '99%의 페미니즘'이라는 관점을 제시한다.

퍼거슨의 책은 자본주의 내에서 체계적으로 세워진 억압과 착취의 관계에 초점을 맞춘다는 점에서 장점이 있다. 역사를 관통하며 여성의 일에 관한 논쟁을 검토하면서 그간 덜 알려져 왔던 논의 성과들, 예컨대 19세기 유토피아 사회주의자들의 주장을 밝혀낼 수 있었다. 또한 이 책은 가사노동과 가치법칙을 둘러싸고 자율주의 경향과 벌인 일부 중요한 논쟁을 명확히 하는 데 도움을 준다. 그 점에서 이 책은 추천할 만하다. 퍼거슨은 여성 억압의 문제가 '자본에 맞선 투쟁의 중심에' 있으며, 자본주의에 대항하는 계급투쟁에서 보조적으로 덧붙여지는 요소가 아니라 필수 구성요소라고 주장한다. 우리는 일반 형태로 서술된 이 명제에 전적으로 동의한다. 하지만 역사적 논쟁과 정치 전략을 다룬 이 책의 다른 명제에는 불분명한 지점이 있다.

궤적과 계보에 관하여

✖ ✖ ✖

퍼거슨이 제시한 세 갈래의 역사적 궤적을 다루기에 앞서, 그의 책이 개입하고 있는 논쟁을 들여다봐야 한다. 2019년 4월 발행된 이론지 《급진철학》에 사회적 재생산에 관한 자료가 게재됐다. 여기에는 페데리치가 쓴 개괄적인 글[42]과 알레산드라 메자드리가 쓴 분석적인 글[43]이 포함된다. 이 글에서 그들은 아루짜, 티티 바타차리야, 퍼거슨 등 자기 입장을 사회적 재생산 이론으로 규정하는 논자들의 주장과 다양한 각도에서 논쟁을 벌인다.

메자드리는 이들의 시도[44]가 사회적 재생산 '이론'이라고 간주할 수 있는지 의문을 던진다. 페데리치는 "사회적 재생산이라는 시각에서 사회 현실을 들여다보는 것 자체로는 마르크스주의적인 또는 일반적으로 말해서 급진적인 입장을 취하는 것이 아니"라고 지적한다. 따라서 "분석을 위한 범주로서 '사회적 재생산'은, 자신을 '사회적 재생산 이론가'라고 말하는 페미니스트들이 취하는 접근과는 달리, 하나의 정치적 정체성으로 채택될 수 없다"는 것이다. 페데리치가 보기에 사회적 재생산을 다루는 논쟁에서 특징적인 것, 1970년대 가사노동 임금 지급 운동[45]을 이끈 활동가들이 기여한 것 중 '혁명적'이라고 여기는 부분은 가사노동 자체에 초점을 맞추는 게 아니라 그걸 모든 점에서 공장 노동과 똑같이 생산적인 노동 형태로 간주한 데 있었다. 다시 말해서 가사노동이라는 영역에서도 자본주의적 착취가 일어나고 있는데, 그들이 보기에 지금껏 마르크스주의자와 무정부주의자는 이를 무시해왔다는 주장이다.

메자드리와 페데리치의 글은 사회적 재생산 이론 내의 '이론적-정치적 논쟁'을 자율주의 경향과 '마르크스주의자' 내지 '마르크스 진영'으로 거론되는 필자들 사이의 공개적인 논쟁으로 끌어간다.[46] 그 논쟁이 펼쳐지는 지형 위에서 퍼거슨은 사회적 재생산 이론 자체의 계보, 즉 그가 자율주의 진영과 주류 사회주의 페미니즘 모두와 구별되는 '전통'을 제시하려 한다. 그는 엥겔스 이래로 사회주의 페미니즘이 젠더와 계급의 관계를 개념화하는 데에서 '이중 체계론'의 오류에 갇혔다고 말한다.

하지만 그 점을 다루기 전에, 그리고 사회적 재생산 이론 내의 공개적인 논쟁 지도를 완성하기 위해, 사회적 재생산을 다루는 '마르크스' 학파(퍼거슨이 쓰는 표현이다)가 보걸의 책 《마르크스주의와 여성 억압》[47]을 참조 기준으로 인용하기는 하지만 그 관점이 모두 똑같지는 않다는 점을 언급해야겠다. 앞으로 보게 될 것처럼 퍼거슨은 자신의 위치를 주류 사회주의 페미니즘 전통에서 멀리 떼어놓는다. 보걸 자신은 한편으로 마르크스와 엥겔스의 작업에서 중요한 오류·실수·누락이라고 판단한 것을 지적하면서도, 더 전반적인 자본주의 사회관계의 일부로서 여성 억압을 이론적으로 파악하고 역사적으로 분석하는 데에서 마르크스와 엥겔스가 기여한 바를 옹호한다.[48] 자신의 책에서 보걸은 초기 저작을 비롯해 《공산당선언》,《자본론》,《가족, 사적소유 및 국가의 기원》 등 젠더와 계급 문제를 다루는 마르크스와 엥겔스의 작업에 담긴 다양한 측면을 밝혀낸다.[49] 그는 또한 마르크스와 엥겔스가 여러 사회주의 조직 내에 여성을 위한 '특별 지부'를 설립하기 위해 국제노동자협회 내에서 수행한 실천적인 투쟁에도 관심을 쏟는다.[50] 이 투쟁은 노동자 운동이 억압에 맞선 투쟁에 나서도록 그들이 전개한 투쟁의 한 부분이었다. 퍼거슨은 이런 측면을 전혀 다루지 않는다.

이제 '세 갈래의 궤적'이라는 발상을 살펴보자. 앞서 말했듯이 퍼거슨은 페미니즘 사상의 세 가지 경향을 다음과 같이 제시한다. 평등 페미니즘, 비판적 평등 페미니즘(여기에 주류 사회주의 페미니즘이 포함된다), 사회적 재생산 페미니즘.

'평등 페미니즘'은 이른바 '여성 문제'에 기원을 두고 있으며, 18세기 말 부르주아 혁명이라는 맥락에서 메리 울스턴크래프트와 올랭프 드 구주 등 당시 계몽된 페미니스트들에 대한 고찰과 결부된다. 이 경향은 새로 등장한 사회에서 여성이 겪는 수모에 대한 이성적-도덕적 비판에 바탕을 둔다. 여성은 이성의 왕국에서 여전히 배제된 상태였고, 가사노동이라는 사적 영역으로 밀려났다. 철학적·법률적·문화적 논의에서는 여성을 본래부터 남성보다 열등한 존재로 규정하면서 이런 종속을 정당화했다. 평등 페미니즘은 여성이 남성에게서 독립할 수 있도록 일자리를 얻을 기회와 평등한 교육을 받을 기회를 중요하게 여긴다. 이 사상가들은 계몽된 최상류층에 속했기 때문에 계급 불평등에 대한 비판으로 나아가지는 못했다.

퍼거슨의 책에 담긴 명제에 비춰 보면 둘째, 셋째 궤적이 더 중요하다. 퍼거슨은 자신이 말하는 '사회주의 페미니즘'과 '사회적 재생산 페미니즘' 간의 차이점을 규정한다.[51] 그가 보기에 이 두 개의 궤적 또는 초점 간의 차이는 이론적인 세부 사항의 문제라기보다는, "궁극적으로 사회주의 페미니즘 전통에서 정치적 중점 사항의 차이가 왜, 어떻게 발생하는가에 대한 설명"의 문제다. 이것이 어떤 문제인지 살펴보자.

사회적 재생산 페미니즘의 역사적 뿌리를 추적하기 위해 퍼거슨은 여성의 상황을 다룬 유토피아 사회주의 사상가들의 저작을 재검토한다. 그는 1825년 《인류의 절반, 여성의 호소》라는 책을 출판한 윌리엄 톰슨과 안나 윌러의 공헌을 강조한다.[52] 퍼거슨에게 이들은 최초로 "현대의 정치경제학자들이 자본주의적인 시각에서 '생산적' 노동을 분석할 때 사용한 것과 똑같은 렌즈를 이용해" 집안에서의 여성 노동을 분석한 사람들이다. 그리고 여성 억압을 "재생산 노동과 생산적 노동의 역학관계"에 연결함으로써 "페미니즘적인 노동 이론의 역사에 '전환점'을 찍었다." 이 '혁신'의 파급력이 크지는 않았다는 점을 퍼거슨도 알고 있지만, 그는 이것을 사회적 재생산 페미니즘의 기원으로 간주한다. 사회주의 페미니즘에 대해서 그는 이렇게 주장한다.

"[사회주의 페미니즘은] 여성의 무급 가사노동을 필수적인 것으로 여기지만 자본의 운동과는 관계가 없는 것으로 다룬다. 가부장적 권력관계는 자본주의 외부에 존재하는데, 이는 그에 맞선 투쟁이 단지 자본주의에 맞선 투쟁에 덧붙여진 것이라는 뜻이다. 그에 따라 페미니즘은 지금까지의 '계급'투쟁과 동시에 수행되거나 아니면 그것에 포괄되는 (나중에 회자된 공산당의 어법을 따르자면) '별도의 투쟁'이 된다."

이와 같은 정의를 받아들인다면 사람들은 퍼거슨이 제2차 세계대전 이후 공산당들의 어리석은 입장과 혁명적 전통을 구별하고 있다고 생각할 수 있다. 전자는 여성 투쟁이 노동자계급을 '분열'시키며, 따라서 '혁명 이후로 미뤄야' 한다고 주장할 정도로 멀리 가버렸고, 후자는 억압에 맞선 투쟁과 착취에 맞선 투쟁을 결합하려 했다. 하지만 퍼거슨이 작성하고 있는 계보는 그런 게 아니다. 그가 보기에 사회주의 페미니즘 전통은 트리스탄에서 출발해 이후 여성 문제에 대한 베벨과 엥겔스의 '이중 체계론'적 접근과 결합하면서 이와 같은 보수 입장으로 귀결됐다. 퍼거슨의 관점에서는, 방금 언급한 인물들이 나중에 '계급 환원론'이라고 규정된 이해방식으로 가는 길을 닦았으며, 노동자 운동 내에서 억압에 맞선 투쟁을 무시하는 풍토를 초래했다는 것이다.

이런 관점은 몇 가지 이유에서 주목할 필요가 있다. 한편으로 그는 엥겔스와 베벨을 똑같이 취급한다. 하지만 이는 엥겔스가 여성 억압이 자연적이거나 정신적인 요소의 결과가 아니라 사회적·역사적 기원이 있다는 점을 보여주기 위해 부분적으로 베벨의 글에 맞대응하는 방식으로 가족에 관한 고전적인 글을 썼다는 사실을 무시하는 것이다.[53] 다른 한편 사회주의 페미니즘의 기원을 다루는 데에서 퍼거슨의 참조 문헌은 트리스탄에서 출발해 마르크스를 언급하지 않은 채 엥겔스와 베벨로 건너뛴다. 마르크스는 어느 '계보'에 포함되는지 불분명하다.

사회주의 페미니즘의 전개가 이렇게 다뤄지는 이유는 무엇인가? 퍼거슨은 자본주의에서 생산적 노동과 무급 재생산 노동의 관계에 대한 적절한 이론화가 이뤄지지 않았다고 지적한다. 엥겔스 이래로, 여성 억압에 대해서는 평등 페미니즘의 입장에 더 가까운 설명 방식이 널리 퍼져 있다는 것이다. 비록 그것이 계급적 비판을 수반한 것일지라도 말이다(이 점 때문에 그는 이 경향을 비판적 평등 페미니즘으로 분류한다).

퍼거슨은 사회주의 페미니즘이 가사노동을 단지 성별 노동 분업이라는 토대 위에서만 분석하며, 고립된 개별 가정에서 고단하고 무거운 가사노동의 짐을 짊어져야 하는 여성 문제로만 여성 억압을 설명한다고 생각한다. 그 결과 자본주의에서 생산적 노동과 재생산 노동의 관계를 제대로 이론화하지 못하고 있다는 것이다. "사회주의 페미니스트들은 가사노동과 육아를 필수 노동으로 여기지만, 그것은 '삶'에 필수적이지 '자본'의 운동에 필수적이지는 않다고 본다." 퍼거슨의 주장은 핵심적으로 사회주의 페미니즘이 생산적 노동과 재생산 노동이라는 두 요소를 별개로 분석하면서 그것의 체계적 연관성을 놓치고, 그 결과 계급투쟁을 앞세우면서 여성 투쟁을 뒤로 미루는 정치적 입장에 길을 터 준다는 것이다.

퍼거슨은 콜론타이와 체트킨의 작업에서만 약간의 예외를 언급하는데, 그들은 이런 경향을 거부하고 '당원들의 성차별과 안티페미니즘'에 맞서 싸움으로서 오류를 피했다는 것이다. 또한 그는 콜론타이와 체트킨이 "여성해방은 자본주의 타도를 조건으로 삼는다고 주장하면서도, 그 투쟁의 한 부분으로 여성 쟁점을 명확하게 다뤄야 하며 나중으로 미뤄서는 안 된다는 점을 비중 있게 내세우고 있다"고 지적한다. 그러나 이 점을 지적한 뒤에 그는 "체트킨과 콜론타이의 이론적인 틀은 그들이 설정한 과제에 충분히 부합한다고 볼 수 없다"고 덧붙인다. 즉 퍼거슨의 관점에서 사회주의 페미니즘 전통은 가사노동을 이론적으로 잘못 이해한 탓에 출발점부터 결함이 있었으며, 이 때문에 이후 '이중체계론' 흐름과 '계급 환원론'이 등장하고 결국 노동자계급 여성 투쟁에 완전히 보수적인 스탈린주의 입장으로 귀결됐다는 것이다.

몇 가지 이유에서 그의 명제는 잘못됐다. 첫째, 그것은 마르크스와 엥겔스 이후 사회주의와 공산주의 운동에서 펼쳐진 정치적·이론적·전략적 투쟁의 총체적인 역사에서 사회주의 페미니즘 운동의 역사를 추상적으로 떼어낸다.[54] 이 일련의 투쟁은 제2인터내셔널과 제3인터내셔널, 스탈린주의의 등장, 그리고 스탈린 반혁명 집단에 맞선 혁명적 마르크스주의의 투쟁에 걸쳐 이어졌다. 퍼거슨은 이 두 개의 역사적 흐름이 서로 무관한 것처럼 보는 듯하다.

"평론가들은 사회주의 페미니즘과 자유주의 페미니즘이 각각 혁명 정치와 개량주의 정치에 복무한다는 점을 근거로 이들을 구별하는 경향이 있다. 이런 잣대는 너무 뭉툭하다. 이것으로는 두 전통이 공유하는 가설과 사회주의 페미니즘 전통에 남아 있는 이론적 모호함을 포착할 수 없다."

퍼거슨은 (부르주아) 평등 페미니즘과 비판적 평등 페미니즘 또는 사회주의 페미니즘 사이에 있을 거라고 가정하는 소위 이론적 동의 지점을 강조한다. 자본주의 사회관계를 옹호하는 사람들과 그것에 맞서 투쟁하는 사람들 간의 이론적·전략적 차이를 무시한 채 말이다. 결국 퍼거슨의 접근법이야말로 너무 뭉툭한 잣대를 들이대는 것이다. 이렇게 해서는 여성 억압 문제와 자본주의에 맞선 투쟁에서 마르크스주의, 사회민주주의적 개량주의, 스탈린주의 간 차이를 구별할 수 없다.

한편 우리는 잠시 '계급 환원론'이라는 관점에 초점을 맞출 필요가 있다. 퍼거슨은 계급 환원론의 책임을 거리낌 없이 엥겔스 이후 사회주의 페미니즘 전통 전체로 돌린다. '계급 환원론'이란 무엇인가? 그는 제2차 세계대전 이후 미국 공산당 역사에서 가져온 몇 개의 사례로 이를 설명한다. 미국 공산당 지도부는 현장 내에서든 노동자 운동 조직 내에서든 성차별에 맞선 여성의 요구를 막연한 미래의 문제로 돌리려 했다. 그런데 '계급 환원론'이라는 용어에는 난점이 있다. 마치 '젠더' 요구를 '계급' 요구에 대립시키는 것처럼 보일 수 있기 때문이다. 실제로 문제가 되는 것은 [젠더냐 계급이냐가 아니라] 노동자계급 내의 경제주의, 부문주의, 조합주의 관점이다. 계급적 관점에서라면, 노동자 운동 내 분열과 모든 성차별, 인종차별, 그 밖의 억압에 맞서 싸워야 한다고 제기할 것이다.

그렇다면 여성 억압에 관한 공산당의 경제주의적 입장이 널리 퍼진 이유를 어떻게 설명할 수 있을까? 퍼거슨이 말하는 것처럼 이것은 이론에서 발생한 '근원적인 오류'인가? 아니면 다른 데에서 이유를 찾을 수 있는 문제인가? 우리는 이런 입장의 물질적 기반을 20세기 노동자 운동과 사회주의 운동을 가로지르는 거대한 사회적·정치적 전개 과정에서 찾을 수 있다고 여긴다. 스탈린주의 공산당들이 옹호한 경제주의적 환원론은 강력한 노동 관료제와 나란히 모습을 드러낸다. 노동 관료제는 여성, 가장 불안정한 처지의 청년, 이주민, 인종차별에 시달리는 사람들 등 노동자계급 내에서 가장 착취당하는 부분의 요구를 무시하면서 자신의 이해관계를 지키려 한다. 퍼거슨은 이런 사회주의 운동의 (그리고 사회주의 페미니즘의!) 역사가 지닌 전체적인 양상을 생략해버린다.

러시아혁명과 가사노동의 사회화

퍼거슨은 사회주의 페미니즘 전통에서 가사노동의 사회화가 "페미니스트에게든 계급투쟁에서든 목표 또는 궁극의 목적이 아니"라고 주장한다. 그러나 이런 주장은 사실과 아주 다르다. 엥겔스는 생산수단이 사회화되면 "개별 가족은 사회의 경제적 단위이기를 멈춘다. 사적인 가사 업무는 사회적 산업으로 전환된다"고 지적한다. 더 나아가 "아동 돌봄과 교육은 공적 업무가 된다."[55] 비록 이 지점을 이론적으로 더 진전시키지는 않았지만, 엥겔스는 자본주의사회에서 가사노동이 가족이라는 사적 영역에 묶여 있는 사회적 노동 중 일부라는 점을 인식했다. 더욱이 그는 공산주의사회의 목표 중 하나로 가사노동의 사회화를 꼽는다. 그리고 이런 전망을 물질적인 힘으로 만들어낸 러시아혁명만큼 이 이론을 실천적으로 잘 검증한 사례가 있는가? 놀랍게도 퍼거슨은 이 혁명적 경험에 대해서도, 여성해방을 위한 볼셰비키의 강령에 대해서도 언급하지 않는다.

1919년 8월, 볼셰비키당의 여성 투사들이 제노텔[여성부]을 설립

1920년에 찍은 제노텔 활동가들의 모습.

했다. 제노텔은 여성 노동자·농민·주부로 구성됐고, 내전의 고난을 겪는 동안 여성들 사이에서 특별 활동을 수행하고자 했다.

1920년 11월 임신중지가 합법화됐고 동성애가 비범죄화됐으며, 혼외 자녀의 평등한 권리도 인정됐다. 이 기간은 치열한 논쟁과 실험으로 가득 찼고, 여성해방·성해방·개인적인 관계의 변화 등이 사회주의 건설을 위한 투쟁의 필수 요소로 여겨진 시절이었다. 이를 위해서는 무급 재생산 노동과 총체적인 생산 사이의 관계를 완전히 탈바꿈시켜야 했다. 이 목표를 염두에 두고 국립 어린이집·유치원·공동 식당·빨래방 등 가사노동을 사회화하기 위한 일련의 조치가 제안됐다. 그 목표는 각 가정에서 가사노동을 최대한 줄이면서, 이런 업무가 사회적 생산의 새로운 부문이 되게 하는 것이었다.

미국 역사학자 골드먼이 설명하듯이, "가사노동은 공적 영역으로 넘어갈 것이다. 무수히 많은 개별 여성이 각자의 가정에서 무급으로 수행한 업무를 공동 식당, 빨래방, 어린이집에서 일하는 유급 노동자들이 넘겨받을 것이다."[56] 이와 관련해 콜론타이는 이렇게 주장했다. "사회주의사회에서는 모든 집안일이 제거될 것이고, 소비는 가족 내 개인적인 활동이기를 멈출 것이다. 사적인 주방은 공적인 대형 식당으로 대체될 것이다. 광업, 금속 가공업, 제조업과 마찬가지로 바느질, 청소, 세탁이 경제활동으로 재편될 것이다."[57] 이네사 아르망 역시 '가내 노예제'를 종식시키기 위해 투쟁했다. 1918년 열린 여성노동자농민대회에서 그는 여성 노동자가 공장과 집에서 이중의 짐을 짊어지고 있는 현실을 규탄했다. 레닌 또한 "'실질적인 여성해방'을 이루려면 법적 평등만이 아니라 가사노동을 사회화된 노동으로 '대대적으로 전환'해야 한다"고 여러 번 지적했다.[58] 같은 의미에서 트로츠키는 "세탁은 공공 빨래방에서, 음식 섭취는 공공 식당에서, 바느질은 공공 작업장에서 이뤄져야 한다. (…) 그러면 남편과 아내의 관계는 모든 외부적이고 비본질적인 틀에서 벗어날 것이다."[59]

혁명적 마르크스주의 전통은 여성 억압에 맞선 투쟁과 착취에 맞선 투쟁을 공산주의사회를 향한 단일한 투쟁으로 결합하려 했다. 이는 그 중심 요소로서 가사노동의 사회화를 포함했다. 그 뒤 스탈린 정권 시기에 이뤄진, 여성의 권리에서 중대한 역행이 포함된 반혁명적 퇴행을 마치 애초부터 마르크스주의에 내포된 문제인 것처럼 과거로까지 확대 적용할 수는 없다. 사회주의 페미니즘에 관한 자신의 서술을 구성하면서, 퍼거슨은 사회적 재생산 페미니즘 내 자율주의 진영이 마르크스주의에 가한 공격에는 대응하지 않는다. 오히려 그는 그런 공격을 정당화시켜준다.

가사노동과 사회적 재생산

✖ ✖ ✖

사회적 재생산의 궤적에 초점을 맞추면서, 퍼거슨은 1960년대 말 페미니즘 운동의 두 번째 물결과 가사노동에 관한 논쟁으로 돌아간다. 자유주의 페미니즘, 래디컬 페미니즘, 가사노동 임금 지급 운동 등을 포함한 다양한 경향이 이 쟁점을 토론했다. 그는 또한 1969년에 마거릿 벤스턴이 제출한 입장을 강조했는데, 이후에 다른 논자들이 그 입장을

이어갔다.[60]

자신의 책 2부에서 퍼거슨은 '가치 창출과 삶의 재생산 간의 모순을 강조하는' 이들 논의의 흐름을 추적한다. 그런데 그의 결론은 1970년대의 사회적 재생산 페미니즘이 더 넓은 시각으로 사회적 재생산을 살펴보는 대신, 여성의 가정 내 무급 노동에 지나치게 집중했다는 점에서 잘못됐다는 것이다.

이 때문에 그는 1983년 출판된 보걸의 책《마르크스주의와 여성 억압: 단일 이론을 향하여》가 나올 때까지 기다려야 했다고 말한다. 보걸은 무급 노동에 초점을 맞추는 대신, '노동력 재생산이 자본의 축적과 맺는 필수적이지만 모순적인 관계'를 강조한다. 이렇게 해서 사회적 재생산에 관한 작업의 "윤곽이 폭넓게 그려졌다. 아이를 낳고, 기르고, 돌보는 것처럼 전형적으로 여성이 여러 세대에 걸쳐 매일 해온 일이 여기에 포함된다. 또한 자신과 타인들이 인간으로 계속 살아갈 수 있도록 사람들이 하는 노동, 즉 '기초적인 생활상의 업무를 해내기 위한 개인적·집단적인 생존전략'도 여기에 포함된다."

"사회적 재생산 노동의 목표가 삶을 지속시키는 것인 한, 동시에 그것은 자본을 지속시키는 데 충분한 노동력을 공급하는 확실한 수단이기도 하다." 그런데 이로부터 질문이 제기된다. 사회적 재생산의 의미가 무급 가사노동으로 제한되는 걸 피하려고 하면서, 이제는 그 의미가 너무 확장되는 건 아닌가? 그 경계선이 다소 모호해진 게 아닌가?

예컨대 아루짜는 맥도널드 같은 패스트푸드 매장 노동자의 일을 사회적 재생산 노동에 포함시킨다.[61] 그렇게 본다면, 우리는 가정으로 음식을 배달하는 플랫폼 노동자, 술집과 식당에서 일하는 모든 노동자도 여기에 포함해야 한다. 게다가 가족을 위해 식료품을 구매하는 일을 가능하게 해주는 슈퍼마켓 계산원을 포함하지 말아야 할 이유가 있는가? 그러면 그 식료품을 운송하는 노동자는? 우리는 이렇게 생활의 재생산에 필수적인 일련의 직무를 계속 포함해나갈 수 있다. 코로나19를 겪으며 확인했듯이 세상에 그런 직무는 아주 많다. 그런데 이렇게 그 의미가 끝없이 확장될 수 있다면, 도리어 설명력을 잃어버리는 게 아닌가? 또한 이는 폭넓은 사회적 재생산 범주에 속한 다양한 유형의 노동에 내재한 질적 차이를 다소 흐릿하게 만들 수 있다. 맨 끝에 언급한 문제는 이 책의 마지막 장에서 사회적 재생산 이론 내 자율주의 진영과 마르크스주의 진영이 가치 문제를 둘러싸고 전개한 논쟁과 연관된다. 이어서 그 문제를 다루겠다.

자본주의·가치·가사노동

✕ ✕ ✕

가사노동이 만들어내는 것은 사용가치인가 교환가치인가? 1970년대에 시작한 이 논쟁이 오늘날 다시 논의되고 있다. 퍼거슨은 사회적 재생산 페미니즘이 마르크스 경향과 자율주의 경향이라는 두 개의 사상적 조류로 이뤄져 있으며, 이들은 어떻게 저항을 조직할 것인지, 그리고 어떤 전략을 채택할 것인지에서 서로 다르다고 말한다. 그는 이 차이가 "사회적 재생산 노동이 가치 창출에 어떻게 연관되는지 이론화하는 데에서 불일치"하기에 발생한다고 생각한다. 책의 마지막 대목에서 그는 자율주의 경향과 논쟁하면서 몇 가지 흥미로운 주장을 제기한다.

가사노동 임금 지급 운동을 벌인 자율주의 이론가들은 가사노동이 노동자의 노동력이라는 상품을 생산하며(이들은 노동자와 그들의 노동력을 구별하지 않는다), 따라서 가치를 생산한다는 입장이다.[62] 그러므로 가사노동은 생산적인 노동이며, 자본가들은 주부들을 직접적으로 착취한다.[63] 그들은 이것을 가부장적 자본주의의 '사회적 공장'의 한 부분이라고 부른다.[64] 따라서 가사노동을 거부하는 것은 그 노동이 가부장적 자본주의의 '기둥'으로 여겨지는 한, 공장에서 벌어지는 파업 또는 그 이상으로 가치 창출을 막을 것이다. 그들이 이런 규정에서 끌어내는 전략은 은폐된 착취관계를 드러내기 위해 주부에게 임금을 지급하라는 요구와 동시에 가사노동을 거부하는 것, 즉 가사파업이다.

퍼거슨은 이 주장을 사회적 재생산 이론 내 마르크스 경향이 분석하는 것과 대조시킨다. 보걸과 마르크스의 입장을 따라, 이 경향은 가사노동을 비생산적인 것으로 간주한다. 이 노동의 산물이 시장에서 판매되는 용도가 아니기 때문이다. 사실 가사노동은 생산적인 것도, 비생산적인 것도 아니다. 왜냐하면 이들 범주는 유급 노동에 적용되는 것이고, 자본주의적인 잉여가치 생산에 연관된 문제이기 때문이다. 가사노동은 남녀 노동자들이 소비하는 것들을 생산한다. 그것이 시장에서 비교되지 않는다면, 자본주의사회에서 상품 가치를 측정하는 데 쓰이는 추상적 노동으로 환원될 수 없다. 가사노동은 사적 영역에서 다양한 형태로 소비되는 유용한 노동이다. 이것은 곧 가사노동의 지속시간, 반복 주기, 구체적인 할 일 등을 자본가들이 직접 통제하지 않는다는 의미다. 여기에서 우리는 사용가치를 생산하는 노동과 가치를 생산하는 노동을 구별해야 하는 것과 마찬가지로, 노동자와 노동력의 차이를 구별해야 한다. [노동자와 달리] 노동력은 시장에서 판매되는 것이다.

이상의 논의에 따를 때, 가사노동은 자본주의 사회관계에 종속돼 있으면서도 자율성을 유지하며, 자본의 통제에 종속돼 있지는 않다. 파울라 바렐라는 다음과 같이 옳게 설명한다.

"가정이 정말 말 그대로 노동력을 생산하는 공장이라면, 여기에서도 상품 생산의 논리가 똑같이 지배할 것이다. [노동력이라는] 상품이 시장에서 쓸 만하게 팔릴 수 있도록, 즉 경쟁력을 가질 수 있도록 사회적 필요노동 시간을 줄이는 방법을 강구하는 것 말이다. 하지만 노동력이라는 상품에 관해서 이런 일은 일어나지 않는다. 시장에서 판매하는 게 어렵거나 불가능한 경우에도 이 상품은 생산을 멈추지 않는다. 실업률이 높을 때도 아이들은 계속 먹이고, 씻기고, 가르치고, 옷을 입혀야 한다. 의심할 바 없이 그 노동은 더 불안정하고 고통스러운 조건에서 이뤄질 것이다. 그러나 사회적 재생산의 영역에서는 과잉 공급 때문에 '해고'되는 일은 없을 것이다."[65]

우리는 사회적 재생산 노동이 무급 가사노동으로 제한되지 않으며, 다양한 영역의 임금노동을 포함한다는 점을 사회적 재생산 이론의 관점에서 이미 지적했다. 사회적 재생산에 속하면서도 유형 면에서 구별되는 노동은 자본주의적 잉여가치 생산과도 아주 다른 관계를 맺으며, 따라서 자본가들의 통제에서 얼마나 자율적일 수 있는가에서도 차이가 생긴다.

한쪽 끝에는 무급 가사노동이 있다. 그것은 유용한 노동이지만, 자본주의 관점에서 볼 때 생산적인지 비생산적인지 따질 수 없는 노동이며,[66] 대체로 자본가들의 통제에서 상당 부분 자율성을 지닌다. 다른 쪽 끝에는 사회적 재생산에 속하면서 임금노동으로 이뤄지는 일자리가 있다. 개별 가정에서 이뤄지는 유급 가사노동은 가치 창출이라는 관점에서는 비생산적이며, (극악한 수준에 이를 수 있을 정도로) 고용주의 통제가 상당히 따른다. 가정에 입주해 일하는 노동자라면, 심지어 자기 노동력을 재생산하기 위한 '휴식 시간'까지 통제가 가해진다. 그들이 일하는 집에서 그대로 생활하기 때문에 그들의 자유시간은 퇴근 후 집으로 가는 노동자보다 더 많이 규제되고, 제한되고, 강제가 따른다.

공적 영역에서 임금노동을 하는 사회적 재생산 노동자의 상황은 다르다. 그들의 업무에서 '자율성의 여지'는 사적 영역에서 같은 일을 하는 노동자의 경우보다 더 클 수 있다. 비교해보자면, 공공병원보다 민간병원에서 일하는 간호사나 미화원의 경우 업무, 스케줄, 생산성 등에 대한 통제가 더 강한 경향이 있다. 하지만 여기에서 우리는 고려해야 할 또 다른 문제와 부딪힌다. 두 집단의 구체적인 노동이 아주 유사하다고 할 때, 민간병원 노동자의 업무는 자본가에게 생산적인 반면, 공공병원 노동자의 업무는 비생산적이라는 점이다. 이 문제는 점점 더 많은 공공병원이 민간 업체에 업무를 외주화하고 있으며, 그 결과 노동자들이 더욱더 불안정한 처지와 과중한 업무로 내몰리고 있다는 점을 고려하면 한층 더 복잡해진다. 패스트푸드 식당 노동자의 경우는 또 어떨까? 두말할 나위 없이 이곳 노동자들의 노동 형태, 작업 속도, 강도 등에 대한 통제 수준은 공장 같은 '전형적인' 생산적 부문에 비견할 만하거나 더 심하기까지 하다. 같은 업무를 수행하는 경우에조차 생산적·비생산적 노동을 구별하는 것은 자의적이지 않고 이 업무가 자본과 맺는 관계를 가리킨다. 따라서 그것이 자본주의사회에서 잉여가치를 창출하는 데 어떤 역할을 맡는지 보여준다.

마지막으로 무급 노동, 개별 가정에서의 유급 노동, 공공이나 민간 영역의 사회화된 유급 노동 등 사회적 재생산 영역으로 간주되는 부문에서 나타나는, 비생산적일 수도 있고 생산적일 수도 있는 직무의 다양성을 보면 다시 다음과 같은 질문을 제기하게 된다. 생산 영역과 무 자르듯 구별되는 사회적 재생산이라는 영역이 존재한다고 그렇게 단정적으로 말할 수 있는가, 아니면 어떤 목적으로 어떻게 분석하는가에 따라 그 경계선이 유동적이며 규정하기 어려운 것인가?

이론에서 정치로: 페미니즘 전략

퍼거슨은 자율주의 경향과 마르크스 경향이 "자본에 저항하고 새로운 사회를 구축하는 데에서 사회적 재생산 파업이 중심 역할을 한다는 점에는 동의했으며, 서로 다른 점은 사회적 재생산 파업을 이해하는 방식"이라고 지적한다. 이를 토대로 그는 페데리치가 옹호하는 전략을 반박한다. 페데리치는 '자본의 논리 바깥에' 자율적인 공간, '혁명적 공유재'의 공간을 창출해야 한다고 주장한다. 여기에는 협동조합, 공동 식당, 그 밖의 여러 유형의 연합체가 포함될 텐데, 이를 통해 자본주의사회관계 '외부'에서 사람들의 질서를 형성하며 자본을 넘어선 사회를 '미리 보여줄 수' 있다는 것이다. 가사노동을 '그만두고' 그런 공간을 만들어내는 것, 때로는 여성을 위한 '기본소득' 요구를 동반하는 것이 사회적 재생산 파업이라고 한다.

퍼거슨은 사회적 재생산 이론 내 마르크스 경향 역시 사회적 재생산 파업을 중요하게 여길지라도, 문제는 '자율적인' 공간을 만들어내는 것만이 아니라 국가에 보건의료, 교육 등의 개선을 요구해야 하는 것이라고 주장한다. 이를 위해서는 공공부문에서 사회적 재생산 노동자들의 파업이나 지역 차원의 시위가 필요하다. 그는 파업이 '자본의 영토 안에서 자본에 대항하고, 연대 관계를 구축하기 위한' 도구라고 주장한다. 더 나아가 생산적 노동은 재생산 노동과 같은 방식으로 자본과의 관계를 유지하지 않기 때문에, 생산적 부문의 파업도 중요하다고 그는 덧붙인다. "오직 사회적 재생산 노동자 파업을 중심으로 저항을 조직하는 것만으로는 지배계급을 충분히 위협할 수 없다."

궁극적으로 퍼거슨은 '현장 파업을 향한 길을 찾아내 억압에 저항하는 정치를 세워내고, 억압에 저항하는 파업으로 현장에 기반한 요구를 세워내면서' 여러 전선에서 투쟁을 펼쳐야 한다고 생각한다. 이런 관점에서 그는 '연대를 건설하는 것이 파업의 수단이자 목표'라고 결론 내린다. 퍼거슨이 보기에 협동조합, 공유재, 또는 페미니즘적 기본소득으로 '자본에 의한 삶의 지배'를 거부하는 것은 불가능하다. 오히려 '삶을 위해 더 많은 재원을 요구하고 자본을 위해서는 더 적게 내주면서, 체제 그 자체 안에서 자본에 의한 삶의 지배에 반격'하는 게 핵심이다. 자본주의가 파괴될 때까지 '우리는 자본주의에서 탈출할 수 없다.' 마지막으로 퍼거슨은 이렇게 말한다.

"혁명 전략은 대중운동을 건설해 지역과 거리에서의 투쟁을 노동 현장에서 벌어지는 투쟁과 연결하며 자본에 저항하는 복합적인 방식의 수립을 동반한다. 그런 운동은 다양하면서도, 이윤보다 필요를 우선시하며 자본을 위한 노동을 몰아내고 삶을 위한 노동을 수행하는 세계를 창조한다는 목적으로 단결해 있다."

전략을 둘러싼 이 논쟁에서 퍼거슨은 이 체제의 변방에서 '자본의 논리 바깥에' 공간을 만들어내자는 자율주의적 제안을 논박한다는 점에서 옳다. 협동조합들은 자본주의 시장에서 계속 상품을 사들여야 하고, 자본주의 기업에 전기료를 내야 하는 등 자본주의 체제 안에서 경쟁을 강요받거나, 그게 아니라면 단명하는 소규모 기획으로 끝날 것이다. 자본주의적 재난의 한복판에서 작은 유토피아적 '오아시스'를 유지하는 건 불가능하기 때문이다.

다른 한편 퍼거슨이 제안하고 '99%의 페미니즘'과 동일시된 전략은 '체제 그 자체 안에서 자본에 의한 삶의 지배에 반격'하기 위해 자본에 맞선 대중의 저항운동을 창출한다는 구상에 집중한다. 그것은 동시에 '연대 관계'를 창출하는 데에도 힘을 쏟는다.

물론 '99%의 페미니즘'이 호소하는 내용은 노동자계급의 힘을 산산조각 내는 분열을 극복하기 위해, 억압받는 사람들의 견고한 동맹을 만들어내기 위해, 자본에 도전할 수 있는 사회 세력을 건설하기 위해 필요하다. 하지만 지금 제기된 방식으로는 전적으로 불충분하다. 연대와 저항의 운동을 강화하는 건 자본주의를 깨부수기 위한 전략으로는 부족하다. 이 저항에서 공세로 넘어가는 시점 사이에는 어떤 관계가 세워져 있는가? 더 나은 공공의료와 교육을 위한 요구에 덧붙여 자본가들의 이윤을 문제 삼기 위해 우리는 어떤 강령을 옹호해야 하는가? 노동자 대중의 가장 긴급한 요구와 필요를 어떻게 사회주의를 향한 투쟁과 연결할 것인가? 혁명 전략에 관해 얘기해보자면, '연대 관계' 창출은 전략의 기초적인 출발점이다. 그러나 우리에게는 자본주의와 그 국가, 억압적 물리력을 쳐부술 수 있는 물질적인 세력을 창출하기 위해 더 많은 것이 필요하다.

혁명적 마르크스주의의 역사에서는 처음부터 끝까지 전략에 관한 논쟁이 관건이었다. 총파업, 노동자계급의 전략적 지위, 자기조직화를 위한 기구의 필요성, 노동자계급과 동맹 세력의 관계, 공동전선, 승리를 향한 강령을 갖춘 혁명 정당 건설 등의 문제가 여기에 포함된다. 노동자계급이 어떻게 다른 피억압 민중과 동맹을 구축하고 이끌어갈 것인가 하는 '헤게모니' 문제 역시 이 핵심 논쟁에 속한다.[67] 제2와 제3인터내셔널에서는 이것이 핵심 쟁점이었다. 러시아혁명에서 농민 문제, 피억압 민족의 권리, 다양한 부문의 민주적 요구, 여성 억압이나 인종차별에 맞선 투쟁 문제 등이 그것이다. 억압에 대해 말하자면, 여성 노동자와 인종차별을 겪는 노동자의 구체적인 요구와 나란히 민주적 요구를 (노동자계급만의 요구가 아닌 것으로서) 명료하게 제시해야 한다.[68]

마무리를 위해 우리는 근본적인 질문을 두 개 던질 것이다. 첫째, 아래로부터 연대를 구축하기 위해서는 노동자 운동과 사회운동에서 연대를 방해하는 관료 집단의 조합주의 정치에 대항해야 한다. 사회운동이 노조 관료들의 조합주의를 문제 삼는 건 드문 일이 아니다. 하지만 사회운동 내에도 똑같이 조합주의적이고, 분리주의적이며, 때로는 자본주의 국가에 포섭된 관료 집단이 있다. 최근의 사례로 페미니즘 운동을 들 수 있는데, 여러 나라에서 페미니스트들이 거리 시위와 대중적인 여성 파업에 등을 돌리고 자본주의 국가의 내각과 정부 기관에 들어갔다.

둘째, '흑인의 생명도 소중하다' 운동과 페미니즘 운동 같은 최근의 가장 중요한 사회운동은 우익에 맞서 '차악'을 지지하자는 생각 때문에 활력을 잃었다. 그리고 미국에서 민주당을 지지하거나 스페인에서 사회노동당[PSOE]과 포데모스의 연립정부를 지지하는 입장으로 대거 옮겨갔다. 다시 말해 [퍼거슨이 제시한] '연대' 전략은 계급 독립성을 앞세우며 동시에 관료제에 반대하는 정치가 없다면 제구실을 할 수 없다.

결론을 대신해

보걸에 이어서 사회적 재생산 문제에 집중한 이론가들의 많은 저작은 자본주의사회에서 억압과 착취의 체계적 관계에 대한 우리의 이해를 심화시키는 데 아주 소중하다. 논의를 더 진전시켜야 할 요소가 이 영역에 많이 남아 있다. 보걸의 작업이 중요하다. 그는 노동력 재생산을 위한 필수 요소로서 가사노동을 자리매김하면서, 마르크스가 전개하지 못한 구체적인 분석 지점을 풀어가기 위해《자본론》의 범주들을 활용했다.

현재 사회적 재생산 이론가들은 교사, 간호사, 노인 요양보호사 등 다양한 부문이 '연대'의 고리를 만들거나, 노동자계급의 다른 부문 및 가난한 민중과 '가교'를 놓을 수 있는 잠재력에 관심을 기울이고 있다. 그들의 노동은 노동자계급의 일상생활을 재생산하는 데 한 부분을 차지하며, 계급 전체와 복합적인 경로로 연결돼 있다. 미국의 교사 파업에서 이런 측면을 볼 수 있었고, 팬데믹 기간에 보건의료 노동자들에 대한 사회적 인정과 대중의 지지도 그러한 경우였다. 그러나 이 '잠재력'이 그런 '연대'가 실체를 갖도록 보증하는 건 아니다. 많은 경우 노조 관료들이 그런 연대가 실현되는 걸 거부하고, 저지한다.

동시에 혁명적 정치는 노동자계급의 다른 부문에서, 심지어 '블루칼라' 노동자들이 일하는 생산적 부문에서 이 잠재적 '헤게모니'를 불러낼 수 있다. 그 사례를 프랑스 '토탈 그랑퓌' 정유 공장 노동자들의 해고에 맞선 투쟁에서 찾아볼 수 있다. 그곳 노동자들은 환경운동 단체와 연대의 고리를 맺었고, 노동자와 민중의 이해관계를 지키며 친환경적 전환 방식을 옹호했다. 또 다른 사례로 아르헨티나 네우켄 지역의 세라믹 타일 공장 '사논'이 있다. 노동자들이 공장을 점거하고 학생, 마푸체 원주민, 실업 노동자, 그 밖의 노동자들과 동맹을 구축했다. 궁극적으로 노동자계급의 잠재적인 헤게모니를 현실화할 수 있는가는, 그들의 '사회학적' 구성이나 그들의 노동이 생산적 노동인가 아니면 사회적 재생산 노동인가보다는, 노동자들이 채택하는 정치에 더 달려 있다. 이 지점에서 우리는 분석하는 수준을 넘어 혁명적 정치의 지평으로 나아간다.

마지막으로, 젠더와 계급의 관계를 고찰하기 위해 사회적 재생산 이론 분야에서 이뤄진 여러 저자의 다양한 공헌을 인정하더라도, 우리는 이 흐름이 마르크스주의와 사회주의 페미니즘 운동에서 펼쳐진 150년 이상의 논쟁과 별개이거나 심지어 그것을 능가하는 하나의 전통을 보여준다고 생각하지 않는다. 그와는 반대로, 노동자계급의 단결과 모든 피억압 민중과의 동맹을 어떻게 쟁취할 것인가 하는 전략적인 논쟁과 연결시키며 그간의 사회적 재생산 이론에 관한 공헌을 자리매김할 필요가 있다. 연대는 단지 파업과 투쟁의 '수단이자 목표'에 그칠 수 없다. 다른 사회운동과 노동자계급의 연대와 단결은 사회주의를 향한 혁명적 투쟁이라는 더 높은 목표를 위한 수단이 될 때 비로소 전략적 의미를 지닐 수 있다. 그것이 이윤보다 삶을 더 중요시하고, 자본주의사회가 강제한 폭력에서 생산적 노동과 비생산적 노동 모두를 해방할 수 있는 사회로 나아갈 수 있는 유일한 길이다.

—

호세피나 마르티네스 글 · 오연홍 옮김
Josefina L. Martínez, "Social Reproduction Feminism or Socialist Feminism?"
2021년 4월 10일 《좌파 사상》에 스페인어로 발표되고
2021년 5월 20일 《레프트 보이스》에 영어로 게재됨.

페데리치의 주장에 대한 비판적 토론

《혁명의 영점》[69] 머리말에서 실비아 페데리치는 자신의 작업을 되돌아보며, 1970년대에 정립하기 시작한 이론, 그리고 가사노동 임금 지급 운동이 수행한 전략을 부분적으로 재고해보자고 제안한다. 그는 이렇게 말한다.

"가사노동 임금 지급 운동은 '가사 노동자'를 핵심적인 사회 주체로 간주했다. 그 전제로서, 가사 노동자의 무급 노동을 착취하고 무급이라는 조건 위에 불평등한 권력관계가 세워졌다는 사실이 자본주의적 생산을 조직하는 기둥이라고 봤다. 하지만 세계 노동시장의 엄청난 팽창과 함께 세계 차원에서 '시초 축적'이 재개되고, 복합적 형태로 이뤄진 수탈의 결과를 보면서, 나는 1970년대 초에 생각했던 것과는 달리 더 이상 가사노동 임금 지급 운동이 페미니즘을 위해서뿐만 아니라 '전체 노동자계급을 위한' 전략이라고 말할 수 없게 됐다. 현실에서는 급격한 평가절한 탓에 모든 민중의 자산 가치가 사실상 사라지고, 토지 사유화 계획이 빠르게 확장되며, 모든 천연자원이 상업화되고 있었다. 이는 생산 수단의 환수와 새로운 사회적 협력 형태의 창출이라는 문제를 긴급하게 제기한다. 하지만 이런 목표가 [가사노동] '임금'을 위한 투쟁을 대체하는 것이 아니다."

위 문단은 페데리치의 가장 중요한 작업에 포함된 몇 가지 측면과 더불어 그의 시각이 어떻게 바뀌어 왔는지 압축해서 보여준다. 다른 글 ["사회적 재생산 페미니즘인가 사회주의 페미니즘인가"]에서 우리는 사회적 재생산 문제, 가사노동에 관한 자율주의 페미니즘과의 논쟁, '결정적인 사회 주체'로서 주부의 위치라는 문제를 살펴봤다. 좀 더 최근에 쓴 글[70]에서는 페데리치에 앞서 나온 마리아 미스의 글에 반론을 제기하면서, 자본주의가 일으키고 있는 강탈과 '시초 축적'의 구조를 다뤘다. 우리는 자본주의에 맞선 투쟁의 열쇠를 남반구 여성에게서 찾을 수 있다는 미스의 주장을 분석했다. 오늘날의 자본주의에 내재한 경향으로서 '강탈'이라는 현상은 노동자계급 헤게모니 혁명 전략의 필요성을 부정하는 게 아니라 오히려 재확인한다고 우리는 설명했다. 오늘날 노동자계급은 더 늘어났고, 인종차별에 더 많이 시달리며, 여성 비율도 그 어느 때보다 커졌다. 그리고 노동자계급은 모든 억압받는 이들과 동맹을 맺으며 자본주의에 맞서 강력한 사회세력을 형성할 수 있다.

이제 우리는 페데리치가 제시하는 반자본주의 페미니즘의 최종 목표를 살펴보려고 한다. 그가 말하는 공유재란 무엇인가? 왜 페데리

2018년 아르헨티나를 방문한 실비아 페데리치.(사진_La Izquierda Diario)

치는 그것을 공산주의에 대치시키는가? 자본주의와 단절하는 혁명 없이 생산수단을 되찾고 새로운 사회적 협력 형태를 창출하는 게 가능한가? 이 같은 질문을 바탕으로 우리는 페데리치의 자율주의 페미니즘 사상과 사회주의 페미니즘 간의 또 다른 논점을 다루고자 한다.

공유재란 무엇인가?

⚒ ⚒ ⚒

실비아 페데리치의 책 《세계를 다시 매혹시키기》 서문에서, 피터 라인보우[71]는 공유재에 대한 첫 번째 규정을 내놓는다. 그는 이렇게 말한다.

"공유재란 무엇인가? 페데리치는 이에 대해 추상적인 답변을 피하면서 두 개의 논점, 즉 우리가 분열된 과정을 넘어서기 위한 집단적 재

전유(reappropriation)와 집단적 투쟁을 주로 다룬다. 여러 가지 사례가 나온다. 때때로 그는 네 개의 요점을 제시한다. 1) 모든 부를 공유해야 한다. 2) 공유재에는 권리뿐만 아니라 의무도 따른다. 3) 돌봄 공유재는 모든 사회적 위계에 반대하는 저항의 공동체이기도 하다. 4) 공유재는 국가 형태와는 '다른' 어떤 것이다. 사실 공유재에 관한 논의는 국가의 위기에 근원을 두고 있는데, 국가는 이제 공유재라는 용어를 자신의 목적을 위해 변질시킨다."

이런 정의에 따르면, 공유재는 특히 돌봄을 위한 협력 방식을 우선시하면서, 국가 외부에서 사회적 협력 방식을 만들어내는 시도다. 페데리치는 '공유재 정치'란 사회운동의 다양한 실천을 가리킨다고 설명한다. 그것은 "사회적 협력을 강화하고, 우리의 삶에 대한 시장과 국가의 통제를 약화시키며, 부의 공유를 촉진하고, 이렇게 해서 자본의 축적에 한계선을 긋는 것을 추구한다."[72]

그의 구상은 존 홀러웨이가 20년 전에 정식화한 '권력 장악 없이 세상을 바꾼다'는 자율주의적 발상에 바탕을 둔다. 이 경향은 국가를 (무너뜨리는 건 불가능하다고 보기 때문에) 회피하면서 이 체제의 변방에 비자본주의적 협력 방식이라는 대안을 건설하는 것이 가능하다고 생각한다. 이것은 일종의 반전략적인 사고로 철학가이자 트로츠키주의 사상가인 벤사이드는 이를 신자유주의 공세 기간에 나타난 '정치의 쇠락'을 특징짓는 '현대의 유토피아'로 묘사했다.

이런 발상이 새롭지는 않다. 이는 마르크스 이전의 유토피아 사회주의나 무정부주의적 상호부조론으로 거슬러 올라가며, 마르크스는 국제노동자협회에서 이런 주장을 논박했다. 프랑스 무정부주의자 프루동의 추종자들은 상호부조를 위한 은행[프루동은 인민은행 설립을 제안했다]의 재정 지원을 받는 생산·소비 협동조합의 확대를 촉구했다. 이렇게 해서 그들은 혁명 없이 자본주의사회의 가장 '부정적'인 측면을 점진적으로 극복하려 했다. 국제노동자협회 창립 연설에서 마르크스는 그런 입장에 반대하면서, "노예나 농노의 노동과 마찬가지로 임금노동은 과도적이고 낮은 단계의 노동 형태일 뿐이며, 연합한 노동 앞에서 사라질 운명"이라고 강조했다. 더 나아가 이렇게 덧붙였다. "노동 대중의 해방을 위해서는 협동조합적 노동을 전국 차원으로 조직해야 하며, 따라서 국가적 수단을 동원해 조성해야 한다." 이것은 '토지와 자본의 주인들이 그들의 경제적 독점을 영구적으로 수호하기 위해 언제나 그들의 정치적 특권을 사용할 것'이기 때문에, 저항에 부딪힐 수밖에 없다. 그래서 결론은 자본가들의 권력을 깨부수기 위해 노동자계급이 정치권력을 장악해야 한다는 것이었다.

마르크스의 시대에 상황이 이러했는데 오늘날에는 얼마나 더 그렇겠는가? 그 시절에는 상상조차 할 수 없을 정도로 자본주의적 생산과 유통의 세계화가 확대되면서, 지역 차원의 소규모 공동체를 만들어보려는 그 어떤 발상도 공허해져버렸다. 게다가 1세기 이상의 계급투쟁 경험을 거치면서, 그들의 특권이 위험에 처할 때마다 자본가들과 그들의 국가가 모든 반혁명적 무기를 들고 대응한다는 것을 알 수 있었다.

마르크스주의자들에게 자본주의적 생산의 사회화와 세계화는 노동자계급과 피억압 민중이 공산주의를 향한 혁명적 투쟁에 나설 수 있는 전제조건이다. 하지만 페데리치에게는 그렇지 않다. 생산자들이 현대 과학과 기술을 손에 넣어야 할 필요를 부정한다는 점에서, 그의 목표는 역사라는 시계를 뒤로 돌리는 것이다. 그는 현대 기술을 포기하고 우리의 삶을 전원생활로 전환하는 것을 목표로 삼는다.

기술을 비관하며 변방에서 저항하기

✖ ✖ ✖

이 문제에 대한 페데리치의 관점은 이탈리아 사회학자 토니 네그리가 대표하는 자율주의의 다른 경향과 180도 다르다. 네그리는 자본주의 경제의 기술-과학적인 발전과 디지털화 덕분에 인지(cognitive) 노동이 최고 지위를 갖게 된다고 본다. 이런 변화가 공산주의를 '지금 여기'에서 창조할 수 있는 가능성을 열어줄 거라는 생각이다. 페데리치는 두 가지 측면에서 이 가설을 비판한다.[73]

첫째, 그는 네그리가 남반구 여성의 가사노동과 비공식 노동을 시야 밖으로 밀어낸다고 논박한다. 만약 네그리가 이 점을 고려했다면 인지 노동의 우위를 주장할 수 없었을 거라는 얘기다. 이런 면에서는 네그리보다 페데리치의 입장이 남반구와 북반구 간에 존재하는, 그리고 가부장제와 인종차별이 빚어내는 자본주의 세계의 뿌리 깊은 불평등을 더 잘 포착하고 있다. 그러나 페데리치가 제기한 비판의 다른 측면에는 문제가 많다. 페데리치가 보기에, 기술은 공산주의 전망의 토대를 형성할 수 없고, 협력의 새로운 형태로 이어질 수도 없다. 기술의 기원과 발전이 자본주의와 연계돼 있으며 그 논리와 떨어질 수 없기 때문이라는 것이다. 기술 발전의 성격을 '지배'와 '파괴'로 규정함으로써 페데리치는 기술에 대한 근본적인 회의주의로 빠져든다.

페데리치가 마르크스의 주장을 상당히 왜곡하면서 논쟁을 벌이는 방식으로 자기 주장을 펼치고 있으므로, 그 논지를 하나씩 추적해보도록 하자. 페데리치는 가사노동을 분석하면서 "마르크스 혁명 이론의 주요한 신조, 즉 자본주의가 발전하면서 모든 형태의 노동이 산업화할 것이며, 가장 중요하게는 자본주의와 현대 산업이 착취로부터 인간이 해방되기 위한 전제조건이라는 가정을 재고하게 됐다"고 말한다. 첫 번째 논점으로서, 그는 모든 노동이 산업화된다는 주장을 마르크스의 신조로 규정했는데, 비공식 노동, 가사노동, 농촌의 생계 노동 등 다양한 비임금 노동 형태가 있다는 점을 볼 때 마르크스의 주장은 틀렸다고 입증된 듯하다는 것이다. 하지만 페데리치는 마르크스가 절대 법칙이 아니라 한 경향을 설명하고 있다는 점을 무시한다. 그 점을 차치하더라도, 우리는 자본주의 사회관계가 대단히 넓게 확장됐으며, 농촌 지역은 19세기와 비교할 때 (또는 하다못해 30년 전과 비교할 때) 훨씬 더 산업화됐다는 점을 알 수 있다.

현대 산업과 사회주의의 관계에 대해서, 페데리치는 마르크스의 입장을 숙명적으로 공산주의로 이어지는 일종의 '기술 결정론'으로 치부한다. 페데리치에 따르면, "마르크스는 일단 이 과정이 종료되면, 일단 현대 산업이 사회적 필요 노동을 최소한으로 감소시키면, 마침내 우리가 우리의 존립과 자연환경의 주인이 되는 시대가 시작될 것이며, 우리의 필요를 충족시킬 수 있을 뿐 아니라 우리의 시간을 좀 더 수준 높은 활동을 위해 자유롭게 사용할 수 있을 거라고 여겼다."

먼저 우리는 자동으로 공산주의에 도달하게 될 기술적 필연성 같은 얘기를 마르크스에게 덮어씌우는 것만큼 터무니없는 주장도 없을 거라고 말할 수밖에 없다. 마르크스와 엥겔스, 그리고 이들을 이어서 혁명적 마르크스주의 전통을 계승한 레닌, 트로츠키, 룩셈부르크, 그람시는 계급투쟁에 초점을 맞추고 노동자계급이 자본가계급으로부터 독립한 정치조직을 건설해야 할 필요성을 강조했다. 이런 역사적 도약은 그냥 보장되는 게 아니기 때문이다.

하지만 페데리치는 여기서 더 나아간다. 자본주의사회에서 생산력 발전이 사회주의를 가능케 해준다고 주장했다는 점에서 마르크스가 틀렸다는 것이다. 그가 보기에 마르크스의 주장이 틀린 이유는 이렇다. "《자본론》 1권이 출판된 지 150년이 지났고, 마르크스가 사회혁명에 필수적이라고 여긴 객관적 조건은 성숙한 정도를 뛰어넘은 상황인데도, 자본주의는 녹아내릴 조짐을 보여주지 않는다."

마르크스는 자본주의가 '녹아내릴' 거라고 말한 적이 결코 없다는 자잘한 측면은 제쳐놓을 수 있다. 이 문제에서 페데리치는 마르크스보다는 네그리와 더 논쟁을 벌이는 것 같다. 페데리치는 기술 결정론이 마르크스주의의 특성이라고 주장하지만, 기술 결정론에 빠지는 걸 피하고자 한다면, 계급투쟁의 지형 위에서, 착취당하는 사람들의 정치적·전략적 투쟁이라는 지형 위에서 무슨 일이 일어났는지 들여다봐야 한다. 자본주의가 왜 아직 무너지지 않았는지에 대한 진지한 설명을 찾고자 한다면, 최소한 20세기를 관통하며 일어난 혁명과 반혁명이라는 거대한 역사적 경험을 고려해야 한다. 또한 패배와 퇴행을 유발한 노조 관료들의 역할, 사회민주주의에서 스탈린주의에 이르는 정치 관료들의 역할도 고려해야 한다. 그렇지만 페데리치는 그런 노력을 전혀 기울이지 않는다. 사실 그는 러시아혁명이나 20세기에 일어난 노동자계급의 거대한 혁명적 투쟁을 거의 언급하지 않는다. 그 대신 기술 결정론을 둘러싼 논의만 무성하게 이뤄진다.

그는 이런 식으로 설명한다.

"자본주의가 발전시킨 생산수단을 우리가 다른 목적을 위해 손쉽게 넘겨받아 사용할 수 없다는 점을 강조해야 한다. 마찬가지로 우리는 국가를 장악할 수 없고, 자본주의적인 산업과 과학, 기술을 장악할 수도 없다. 그것은 착취를 목표로 만들어졌고, 그 점이 국가·산업·과학·기술의 구조와 작동방식을 결정하기 때문이다."

그런데 착취당하고 억압받는 사람들이 수탈자를 수탈하고 자신의 목적을 위해 생산수단을 장악하려는 투쟁이 가망 없다면, 과연 어떤 미래가 가능할까? 기술에 대한 페데리치의 비관은 과거에 결박된 유토피아적 반자본주의로 귀결된다. 마치 21세기 기술 발전 사회에서 멀리 떨어진 피난처가 우리의 유일한 탈출구라도 되는 것처럼 말이다. 좀 더 정확히 말해서 이는 땅, 농촌 지역, 공동의 돌봄노동과 연결된 생존을 위한 공간 만들기를 뜻하는 것일 수 있다. 이런 시각에서 페데리치는 라틴 아메리카의 채굴 산업 확장에 저항하는 농민과 원주민 공동체의 투쟁, 빈민가의 비공식 노동 협업 기구, 그 밖의 일부 아프리카 나라에서 볼 수 있는 공동체 경험을 바라본다. 문제는 그가 결국 빈곤을 미덕으로 탈바꿈시킨다는 점이다. 그는 에너지 자원에서 식수 공급 시설까지, 농업 기술에서 공공의료까지, 누구나 이용할 수 있어야 할 재화와 기술 자원에 접근할 기회를 박탈당한 공동체의 생존 경험을 하나의 대안으로 제시한다. 중심부 나라라면 그의 공유재 구상은 시간은행[타인에게 도움이 되는 일을 하고 그 시간만큼 '시간 화폐'를 적립해, 그것으로 자신이 필요할 때 타인의 도움을 얻는 일종의 마을 공동체 운동.], 도시에서 텃밭 가꾸기, 물물교환 경제로 표현될 것이다.

이와 같은 기술에 대한 비관과 생활의 농촌화를 지향하는 주장은 자본주의가 초래한 생태 위기에 관한 논쟁에서 유명해진 탈성장이라는 구상과 겹친다.[74] 탈성장 경향 중 다수는 기술이 누가 사용하는가에 좌우되는 '수단' 또는 '중립적' 도구가 아니라, 그 자체가 자본주의 지배 구조의 '흔적'을 담고 있다고 주장한다. 부분적으로는 이 말이 옳다. 자본주의가 기술 발전의 '형태'를 규정한다. 독점 자본가들에게 이익을 주지 않는다는 이유로 무수히 많은 발견이 폐기되거나 봉인되며, 오직 상품화 가능성을 가진 것만 개발된다. 팬데믹을 겪는 동안 우리는 이 사실을 입증하는 방대한 증거를 목격했다. 또한 마르크스는 자본가들 수중에서 과학기술 발전이 노동자를 위해 더 많은 자유시간을 만들어내는 게 아니라 오히려 더 많은 잉여 노동을 창출할 뿐이며, 노동자에게서 노동의 짐을 덜어주는 게 아니라 더욱 육중한 쇠사슬로 묶어버리고,

노동자에게 규율을 강제하고 통제하기 위한 수단으로 이용된다는 점을 분석했다.

자본가들 수중에서 기술이 끔찍한 파괴력, 대중을 절멸시킬 수단, 생태 위기로 이어지는 모든 추세를 만들어냈다는 점 또한 사실이다. 그러나 자동화가 이뤄지는 과정에서 마치 기계 자체가 일종의 영혼을 지닌 것처럼 이런 추세가 발생하도록 예정된 건 아니다. 독점 자본가들이 인간의 공유자산을 사적으로 전유하면서 이런 문제가 발생한다. 우리가 과학과 기술을 포기해야 한다면, 이는 몇백 년에 걸친 인간 노동의 성과를 포기한다는, 또는 자본가계급에 헌납한다는 의미일 것이다. 기술에 대한 이런 비관적인 생각은 어디까지 뻗어나갈 수 있을까? 우리는 백신, 암 연구, 인공지능, 태양열 전기에너지, 로봇공학을 내버려야 할까? 페데리치는 공유재의 정치가 '과거로 회귀하자는 불가능한 약속을 하는 게 아니라, 이 세계에서 우리의 운명을 집단적으로 결정하는 힘을 되찾을 수 있는 가능성을 뜻한다'고 말한다. 하지만 인간의 공유자산을 부정하는 그의 태도가 이 집단적 가능성을 제약한다.

우리는 그와 반대되는 입장을 지지한다. 자본주의는 산업 발전 없이 존재할 수 없지만, 우리는 자본가들 없이도 현대 산업과 과학 발전을 지속할 수 있다. 과학 연구의 토대를 새롭게 조성하면서 생산을 재편하는 것도 가능하다. 많은 분야에서 자본주의 경제가 급격하게 축소될 수 있다. 예를 들어 자동차 산업은 무공해 대중교통으로 방향을 바꿀 수 있다. 자본주의는 상품 생산의 배출구를 마련하기 위해, 광고와 계획적 진부화[새 상품 판매를 촉진하기 위해 일부러 기존 상품의 수명을 단축하고 기능과 디자인을 낡은 것으로 여기게 만드는 기업 정책]를 이용해 소비지상주의와 '인위적인 수요'를 창출한다. 그 반대편에서 자본주의는 가난의 바다를 만들어낸다. 사적 이윤에 생산이 좌우되는 사회가 아니라면, 어떤 분야에서는 '탈성장'을 시도하고 또 다른 분야에서는 새 기술을 적용하며 생산을 확대하는 게 가능할 것이다. 그런 문제는 사회적으로 무엇이 필요한지 판단하고 자연과 공존하는 방식의 민주적 계획에 따라 결정돼야 한다.

사회화와 자동화: 가사노동에 대하여

✕ ✕ ✕

돌봄노동이나 가사노동의 경우 기계가 제공할 수 없는 스킬·감정·애정이 있어야 하기에 완전히 자동화할 수 없다고 페데리치는 주장한다. 모든 사회적 노동을 자동화할 수는 없기 때문에 마르크스의 강령은 쓸모없어진다는 게 그의 결론이다.

여기에는 두 가지 문제가 있다. 첫째, 페데리치는 우리 마르크스주의 페미니스트들이 요구하는 가사노동의 사회화가 이 업무의 완전한 자동화를 뜻하는 것처럼 그릇되게 가정한다. 그러나 가사노동의 사회화가 반드시 전면적인 자동화를 뜻하는 건 아니다. 그것은 가사노동을 가정이라는 사적 영역에서 떼어내 사회 전체가 떠맡고 조직하는 업무로 전환하는 것을 뜻한다. 다시 말해 이는 이들 업무가 노동력 재생산과 사회적 재생산에 기여하는 일이라고 인정하는 것이다.

사회화는 물론 여전히 많은 가정에서 손으로 하는 일을 상당 정도로 자동화하는 걸 의미한다. 20세기 초 소련에서 가사노동의 사회화는 공동 빨래방·어린이집·공동 식당 등의 형태를 취했다. 오늘날 세계에서는 이런 사회적 재생산 업무의 상당 부분이 민간부문(식당·패스트푸드 체인·빨래방 등)과 공공부문(병원·공립학교 등) 모두에서 이미 임금노동이라는 방식으로 사회화됐고, 부분적으로 자동화됐다. 그렇지만 21세기에도 여전히 가사노동의 무거운 짐이 가정 내 보이지 않는 노동으로 남아 있으며, 당연히 '여성의 일'인 것처럼 여겨진다. 이 일의 상당 부분을 공동으로 운영하는 구내식당·빨래방·어린이집·양로원 등의 형태로, 즉 전문 인력을 갖추고 있으며 누구나 무상으로 이용할 수 있는 질 좋은 공공시설의 형태로 사회화할 수 있다. 이렇게 해서 사적 영역에 남아 있는 가사노동을 최소치로 줄일 수 있을 것이다.

둘째, 사적소유를 기반으로 하지 않는 사회에서는 돌봄노동을 사회 구성원 전체가 자율적으로 조직한 노동으로 전환할 수 있을 것이고, 그러면 돌봄노동은 더 이상 짐으로 여겨지지 않을 것이다. 사람들 간의 관계에 수반되는 애정과 감정은 더 이상 돈 문제, 급여를 받아야 할 필요, 불안정한 형편, 가부장적 억압, 인종차별, 자유시간 부족 등에 영향 받지 않을 것이다. 애정은 새로운 방식으로 모습을 드러낼 것이다. 상상력의 빗장이 풀릴 것이고, 도시의 재구성, 무공해 에너지 자원 개발, 천문학 연구 같은 다양한 분야에서 엄청난 창의력이 폭발할 것이다. 사회 전체가 그런 사회적 노동의 혜택을 누릴 것이다.

공산주의의 과거와 미래

✕ ✕ ✕

《독일 이데올로기》에서 마르크스는 이렇게 말한다.

"개인들이 자기 활동을 실현하기 위해서만이 아니라 단지 자신의 생존 자체를 이어가기 위해서라도, 현존하는 생산력의 총체를 전유해야 하는 상황이 됐다. 이 전유는 우선 전유되는 대상, 즉 생산력에 의해 결정된다. 그 생산력은 총체로 발전해왔으며, 오직 보편적 교류 속에서만 존재한다."

추정에 따르면, 2022년 말에 이르면 가장 부유한 상위 10%가 모든 사회적 부의 76%를 차지하는 반면, 8억 6,000만 명이 극빈층으로 살아가게 될 거라고 한다. 다양한 국제단체가 우크라이나 전쟁, 인플레이션, 식량부족의 결과로 파국적인 기근 사태를 겪으리라고 경고한다. 이 같은 조건에서 인류 상당수는 생존을 장담할 수 없게 된다. 자율주의 페미니즘이 제안한 생존 공동체로는 이 상황에 탈출구를 만들어낼 수 없다. 그들은 '자본의 축적에 한계선을' 긋고 현실의 빈곤을 사회화한다는 유토피아적 발상을 넘어서지 않는다.[75]

페데리치는 16세기 독일의 토마스 뮌처와 이단 종파가 이끈 농민 반란과 더불어 전 자본주의사회의 농민 공동체 경험을 예로 든다. 여기에서 그는 공유재의 선례를 찾아낸다. "모든 재산은 공동으로 가져야 한다(Omnia sunt communia)"는 것이 재세례파 농민과 도시 평민이 군주와 로마 교황청에 맞서 치켜든 구호였다. 실제로 여러 차례의 거대한 반란은 계급사회에 맞선 공동체주의의 씨앗처럼 보일 수 있다. 엥겔스는 뮌처의 발상이 상상 속에서 공산주의를 예견한 거라고 설명했다.[76] 그는 [뮌처가 생각한] 신의 왕국을 지상에 건설하는 건, 사적소유가 없고 사회 구성원 위에 군림하는 국가권력이 없는 사회, 즉 계급 차별이 없는 사회 건설을 뜻한다고 분석했다.

하지만 그들의 투쟁 의지와 영웅적 행위에도 불구하고, 그 역사적인 시대의 배타적이고 파편화된 운동은 자본주의라는 구조를 깨뜨릴 수 없었으며, 자본주의를 넘어서는 대안 사회를 건설할 수도 없었다. 농민 반란 귀족과 신흥 자본가계급의 무력으로 잔혹하게 진압됐다는 사실이 이 반란의 한계를 보여주는 비극적인 증거다. 어쨌든 페데리치가 공유재 정치를 위한 선례를 찾기 위해 16세기 농민 투쟁으로까지 거슬러 올라가야 한다는 점은 놀라운 일이다.

그와 동시에 페데리치는 지난 150년간 자본주의에 맞선 투쟁에서 남성과 여성으로 구성된 수없이 많은 노동자와 농민이 발산한 거대한 역사적 창조력을 간과하는 듯하다. 거기에는 부르주아적 유럽의 강대국 프랑스를 뒤흔든 파리코뮌 사례가 있다. 러시아혁명에서는 차르 체제를 무너뜨리고 14개국 연합군을 물리친 노동자와 농민이 자신의 국가를 건설하기로 결의했으며, 새로운 토대 위에서 경제를 재편하고 세계 혁명의 도약대가 되고자 했다. 스페인혁명, 포르투갈의 카네이션 혁명[1974년 4월 25일 좌파 청년 장교들이 독재정권에 반발해 반란을 일으켰다. 시민들이 이 반란을 지지하는 의미로 병사들에게 카네이션을 달아주면서 '카네이션 혁명'이라는 이름이 붙었다.], 공장을 비롯한 여러 현장에서 이뤄진 노동자 통제와 자주 관리의 다양한 경험 등 자기조직화의 또 다른 수많은 사례가 자기의 운명을 스스로 거머쥔 노동자계급의 잠재력을 보여준다. 여기에는 최근 아르헨티나와 그리스의 공장 자주 관리 경험도 포함된다. 경제위기 상황에서 노동자들이 지역 주민, 학생, 빈민과 함께 생산 운영을 장악한 사례다.

벤사이드가 '현대의 유토피아'라고 표현한 페데리치식 관점은 계급과 국가가 없는 사회로 전진하는 수단으로서 노동자계급 사회주의혁명의 가능성을 부정한다. 이런 경향이 재등장하게 된 역사적 배경에는 신자유주의 공세뿐 아니라 스탈린 관료체제의 지배라는 끔찍한 경험이 있다. 이를 고려할 때, 그 관료체제가 등장한 역사적 조건을 이해하고 '일국 사회주의' 이론의 역사적 실패를 평가하기 위해서는, 혁명적 마르크스주의와 스탈린주의를 명확하게 구분하는 게 필수적이다.

마르크스와 엥겔스는 잘 알려진 문구에서 이렇게 주장했다.

"우리에게 공산주의란 조성돼야 할 어떤 상태, 현실이 자신을 꿰맞춰야 할 어떤 이상을 뜻하지 않는다. 우리는 현 상태를 폐지하는 현실 운동을 공산주의라고 부른다."

페데리치는 이 문구를 언급하면서, 공유재가 바로 현 상태를 폐지하는 현실 운동과 연계돼 있다고 결론 내린다. 그러나 정말로 현 상태를 넘어서려면 운동은 해방된 사회라는 목표와 분리되면 안 된다. 공유재 정치는 눈앞의 과제만 붙들고 이 목표를 거부함으로써, 현존하는 사회의 변방에서 자잘한 개혁을 추구하는 것으로 제한된다.

팬데믹·경제위기·환경위기, 거기에 더해 전쟁과 군국주의까지 이 모든 것은 자본주의의 파괴적 경향이 계속해서 가차 없이 작동하고 있다는 사실을 보여준다. 착취당하는 사람들과 억압받는 사람들이 수탈자를 수탈해야 하며, 현존하는 생산력 전체를 장악해야 한다. 오직 이런 방식으로만 '모든 재산을 공동으로 갖는' 사회를 향한 열망을 현실로 만들어낼 수 있다.

—

호세피나 마르티네스 글·오연홍 옮김
Josefina L. Martínez, "Feminism and Communism: A Debate with Silvia Federici"
2022년 6월 5일 《논쟁》에 스페인어로 발표되고
2022년 7월 17일 《레프트 보이스》에 영어로 게재됨.

빵과장미
국제 선언문

2017년 3월 8일 국제 여성의 날, 세계 여성 파업 호소에 대한 응답으로 우리는 여러 나라에서 거리로 나섰고 파업을 벌였다.

이 대규모 시위는 갑자기 만들어진 게 아니다. 그것은 최근 아르헨티나·칠레·멕시코·이탈리아에서 성차별적 폭력과 여성 살해에 반대하고, 폴란드·아일랜드·한국에서 재생산 권리와 임신중지권을 요구하는 여성들의 대규모 집회에서부터 시작됐다. 프랑스와 아이슬란드에서는 임금 격차에 맞서 여성이 뭉쳤고, 미국에서는 트럼프에 맞서 대규모 집회가 벌어졌다. 트럼프에 대항하는 여성 행진은 미국 전역의 도시에서뿐만 아니라 런던·바르셀로나·베를린·암스테르담·부다페스트·피렌체 같은 전 세계 여러 도시에서 일어났다.

"페미니스트가 아닌 사회주의자는 시각이 좁고, 사회주의자가 아닌 페미니스트에게는 전략이 결여돼 있다."(사진_ 아르헨티나 빵과장미 페이스북 페이지 'Pan y Rosas Sociales')

이들 시위에서 여성은 자본주의 위기에 대해서도 저항을 표명했다. 지배계급이 만들어낸 이 위기의 대가를 임금삭감, 해고, 긴축 조치를 통해 노동자계급이 치르고 있었다. 자본가들과 그들의 정부는 노동자와 극빈층의 생활 조건을 공격하며, 이들 중 다수가 여성이다.

3월 8일 시위는 1917년 국제 여성의 날에 상트페테르부르크에서 섬유 노동자들의 파업으로 시작된 러시아혁명 100주년도 기념했다. 이 과정은 10월 혁명으로 노동자계급이 권력을 장악하면서 절정에 달했다. 그 혁명은 100년이 지난 오늘날에도 여전히 쟁취하기 위해 전 세계에서 싸우고 있는 권리와 자유를 단 몇 달 만에 성취했다.

이 선언을 지지하는 여성들은 러시아혁명의 전통을 복원하며, 그 전통이 해방을 위한 투쟁에서 그 어느 때보다 의미 있다고 생각한다. 우리는 인간의 착취와 억압에 근거한 사회의 모든 흔적을 지워냈을 때 비로소 자유를 누릴 수 있을 것이며, 낡은 사회의 폐허 위에 새로운 사회주의사회를 건설할 수 있다고 확신한다.

계급투쟁의 역사는 여성의 역사

✖ ✖ ✖

전 세계에서 나타나는 이런 시위는 새로운 유행이 아니다. 역사를 통틀어 여성은 가부장제와 지배계급이 강요한 차별과 불평등에 저항해왔다. 17세기에서 19세기까지 유럽의 여성 농민들은 그들의 가족을 굶주림과 고통으로 몰아넣은 기근과 빵, 밀가루의 높은 가격에 반기를 들었다. 라틴 아메리카에는 식민 지배에 저항한 용기 있는 원주민 여성들의 수많은 이야기가 있다. 남북 아메리카 전체에 걸쳐 많은 노예 여성이 그들의 '주인'뿐만 아니라 그들을 노예로 만든 체제에도 반기를 들었다. 1789년 프랑스혁명 당시 부르주아 여성들은 '인간과 시민의 권리선언'(프랑스 인권선언)이 여성의 권리를 다루지 않은 걸 비난했다. 약 1세기 후, 파리의 노동자계급 여성들은 1871년 코뮌에서 영웅적으로 바리케이드를 건설해 역사상 최초의 노동자 정부를 방어했다. 파리코뮌은 여성을 동등한 권리를 가진 시민으로 인정했다. 그러자 여성들은 부대를 만들어 프랑스 부르주아지가 코뮌을 유혈 진압할 때까지 싸웠다.

제1차 세계대전 이전에는 수백만 여성, 특히 (전부 그런 건 아니지만) 특권층 여성이 영국·프랑스, 그리고 다른 여러 나라에서 투표권을 요구하며 몰려나왔다. 미국에서는 이런 여성참정권 운동가 중 많은 수가 인종차별이라는 편견에 부딪히며 노예제 폐지를 위해 싸웠다. 흑인 여성들은 여성운동 내부의 인종차별에 부딪히면서 투표권을 위해 단결했다. 그들은 또한 다른 기본 시민권을 쟁취하기 위해서만이 아니라 인종차별주의자들의 린치 행위에 맞서기 위해서도 뭉쳤다. 라틴 아메리카와 카리브해 전역에서 여성들은 고등 교육을 받을 수 있는 권리와 그들이 박탈당한 모든 권리를 위해 싸웠다. 많은 경우 이 여성들은 그들의 요구를 당시의 사회주의 정당들이 내걸고 있다는 걸 알게 됐다. 제1차 세계대전 기간 유럽에서는 전선에 군대를 보내는 걸 막기 위해 여성 노동자들이 반란을 일으켰으며, 열차를 세우고 무기와 군수품 생산을 방해했다. 그들은 전쟁 때문에 생겨난 생필품 부족과 가격 폭등에 대한 저항의 최전선에 있었다.

마찬가지로 러시아 상트페테르부르크의 섬유 노동자들은 1917년에 파업을 선언하고 '빵, 평화, 군주제 타도!'를 외치며 국제 여성의 날을 기념했다. 여성 사이에서 가장 억압받고 노동자 중 가장 착취당하던 이들이 노동자 운동 역사상 가장 위대한 혁명의 길을 열었다. 바로 레닌과 트로츠키의 볼셰비키당이 주도한 러시아혁명이다. 혁명은 러시아의 차르 정권을 끝장냈고, 몇 달 후 노동자평의회를 기반으로 노동자 정부를 수립했다. 러시아 여성들은 1세기 후에도 대부분의 자본주의적 민주주의 국가에서 여성들이 아직도 쟁취하기 위해 싸우고 있는 권리를 손에 넣었다.

　　볼리비아 아이마라족의 용감한 투사 바르톨리나 시사, 탈출한 노예 해리엇 터브먼, 스톤월의 영웅 실비아 리베라, 칠레의 테레사 플로레스와 아르헨티나의 카롤리나 무실리 같은 사회주의 노동자들, 멕시코 혁명의 사파티스타 장군인 아멜리오 로블레스, 미국의 조직가 마더 존스, 프랑스계 페루인 페미니스트 플로라 트리스탄, 파리코뮌 전사인 엘리자베스 디미트리에프와 루이즈 미셸, 유럽의 혁명적 국제주의자 체트킨과 나데즈다 크루프스카야, 그리고 나데즈다 요페처럼 스탈린주의에 맞서고 반대한 러시아 여성들, 미국의 마블 솔과 클라라 던, 브라질의 파트리샤 가우바우, 그리고 중국의 펀피란 등 우리가 이름을 알고 있는 이들뿐만 아니라 알려지지 않은 수백만 여성의 영웅적 행동과 용기로 역사는 가득 차 있다. 그들 모두가 페미니스트인 건 아니었지만, 모두가 억압에 맞섰고 착취당하는 여성의 편에서 싸웠으며, 그들의 권리와 해방을 위해 투쟁했다. 우리와 달리 그들 모두 혁명적 사회주의 관점을 채택한 건 아니었을지라도, 빵과장미에 참여한 여성들은 영감을 얻기 위해 그들과 그들의 투쟁을 주목했다.

우리는 강한 신념으로 엄청난 역경을 극복하며 여성에게 억압이 절대 뛰어넘을 수 없는 장벽이 아니라는 걸 자신의 삶으로 증명한 로자 룩셈부르크 같은 여성의 전통과 유산을 자랑스럽게 계승한다. 이런 신념, 용기와 헌신 덕분에 그는 역사상 가장 위대한 혁명 지도자 중 한 명이 됐다.

더 많은 권리, 더 큰 불만:
지난 수십 년간 여성의 유산과 모순

✄ ✄ ✄

지난 반세기 동안 서구 여성 대부분, 특히 중심부 국가와 대도시 여성의 삶은 불과 한 세기 전만 해도 상상할 수 없었던 방식으로 바뀌었다.[1] 여성이 접근할 수 없도록 막았던 교육과 공직에 여성이 접근할 수 없도록 막았던 법과 규범이 몇십 년 만에 여성 투쟁으로 폐지되는 결과를 맞았다. 여성은 민주적 권리를 쟁취했고, 아버지와 남편의 가부장적 후견에서 벗어나 법률적 독립성을 얻었다. 많은 나라에서 여성은 그들 자신의 인생 계획을 결정하고 그들의 신체와 성적 정체성을 선택할 수 있는 권리를 쟁취했다.

여성이 더 많은 권리를 얻는 지름길은 없었다. 이런 권리가 모든 여성에게 동등하게 확장되지도 않았다. 그러나 자본가계급이 어떻게 여성을 대의기구의 최상위 집단에 포함시켜왔는지 인식하는 일은 중요하다. 세계에서 가장 주요한 두 제국주의 국가의 대표인 독일의 앙겔라 메르켈과 영국의 테레사 메이 같은 여성은 지배계급에 초반동하는 정책을 집행하는 데 중요한 역할을 해왔다. 오늘날 바티칸 성직자의 지위를 제외하고는 여성이 권력의 그 어떤 위치든 접근하는데 거의 아무런 법적 장애가 없다. 이런 성과는 여성과 학생이 정치조직에 참여하고 정치토론이 이뤄지는 집회에 참여하는 게 금지됐던 독일제국에 맞서 로자 룩셈부르크 같은 혁명적 사회주의자들이 투쟁했던 시대에서 확연하게 벗어난 것이다.

그렇게 쟁취한 권리는 대부분 '개인적인 것은 정치적인 것이다'라는 구호로 투쟁강령의 관점을 잡고 통합할 수 있었던 1960~1970년대 여성운동의 결과다. 그런데 여성의 정치적·경제적·사회적·문화적·성적 불평등은 여성과 남성 개개인이 갖는 특유한 문제가 아니다. 성차별은 사적인 영역에서의 대인관계에만 국한되지 않는다. 성차별은 셀 수 없이 많은 개인의 이야기에서 패턴처럼 재현돼 나타난다. 각 개인이 경험한 것은 그것의 진정한 구조적 특성을 변증법적으로 보여준다.[2] '당연한' 거라고 여겨진 일이 사실은 복잡한 사회-역사적 과정의 결정체였다.

1960~1970년대에는 제국주의·인종차별·이성애 중심주의와 마찬가지로 가부장제에 대해서도 의문이 제기됐다. 이것은 서구의 자본주의적 착취에 맞서, 그리고 동유럽 노동자국가를 지배한 스탈린주의 관료집단의 억압에 맞서 봉기한 대중의 거대한 사회적·정치적 급진화 과정의 한복판에서 이뤄졌다. 식민지와 반식민지 나라들에서 민중은

제국주의에 대항해 일어났다.

　일부 분석가는 수많은 여성의 일상생활에서 성취된 변화를 이전 세대 여성의 삶과 비교해 진짜 '혁명적' 변화라고 여긴다. 그러나 그러한 변화는 자본주의적 민주주의의 틀 안에서 이뤄진 것이며, 이 사회를 근본적으로 변혁하거나 가부장적 억압을 제거하지 못했다는 게 분명하다. 1960~1970년대의 운동은 다수 대중을 야만적인 굶주림·전쟁·오염·홍수·가뭄·실업, 그리고 비참한 처지로 내모는 자본주의적 착취를 끝낼 수 없었다. 오늘날 극빈층 15억 명에 속한 사람 중 70%가 여성과 소녀다.

　젠더 억압과 그것의 자본주의적 기원을 설명하지 않더라도, 여성의 권리 신장은 뿌리 깊은 성차별, 그리고 가부장적 폭력과 선명하게 대조되며 동시에 나타난다. 해마다 150만에서 300만 명의 여성이 성폭력에 의해 희생된다. 과학기술이 획기적으로 발전했는데도 매년 50만 명 여성이 임신 합병증으로 사망하며, 매일 500명 여성이 안전하지 않고 은밀한 임신중지 시술 중 사망한다. 성매매는 막대한 이익을 낳으며 큰 비중을 차지하는 산업이 됐다. 이와 함께 특히 반식민지 나라의 가난한 소녀와 젊은 여성을 겨냥한 인신매매도 늘어났다. 9억 6,000만 명에 이르는 전 세계 문맹 인구 중 70%가 여성과 소녀다. 여성 노동인구 숫자는 급격히 증가했다. 여성이 현재 노동력의 40%를 차지하고, 이들 여성 중 50.5%가 저임금 불안정 노동에 종사한다. 여성들은 '이중 노동'을 수행한다. 몇 시간을 자신의 직장에서 일한 뒤 집에서 몇 시간 더 가사노동한다는 얘기다.

최근 우리는 몇몇 나라에서 여성의 권리를 더욱 후퇴시키려는 정치적 우경화를 목격했다. 예를 들어 미국의 트럼프 행정부는 부시와 오바마 행정부 시절에 여러 주 정부가 밀어붙인 공세를 바탕으로, 여성의 임신중지권을 전면 부정하려 한다. 유럽에서는 우익 기독교 근본주의자들이 임신중지, 동성결혼, 그 밖의 여러 민주적 권리에 반대하는 대규모 시위를 부추겼다. 이전 시기에 계급투쟁과 페미니즘의 등장을 낳은 대중의 급진화가 이뤄졌지만, 그 시기가 패배로 끝나고 일부는 포섭되면서 이런 결과를 낳았다. 신자유주의는 1970년대에 자본가들의 헤게모니를 뒤흔든 시위·파업·전쟁·혁명적 상황 전개에 대한 자본주의의 맹렬한 반격일 뿐이다.

정당과 노동조합을 비롯해 대중을 기만하는 개량주의 지도부의 역할 덕분에 자본주의는 수백만 명을 실업으로 몰아넣은 경제 정책을 실행하며 가까스로 위기에서 벗어났다. 노동자계급은 분열되고 일자리는 이전됐으며, 계급투쟁이 약해지면서 개인주의와 '각자도생' 이데올로기가 강화됐다. 이런 패배를 강요하기 위해 지배계급은 착취당하는 계급의 배신적 지도자들, 특히 스탈린주의 세력과 유럽 제국주의 나라 사회민주주의 정당의 협조에 의존했다.

또한 지배계급은 사회운동의 요구에 양보하기도 했는데, 이는 가부장적이고 동성애와 트랜스젠더를 혐오하며 인종차별과 식민 지배를 추구하는 자본주의에 도전한 사회운동의 가장 급진적인 측면을 동화시키고, 포섭하며, 약화하기 위해서였다. 이 관점에서 볼 때 자본주의 체제 내에서 쟁취한 권리는 대중이 강요하는 새로운 정치 상황을 지배계급이 승인한 거라고 할 수 있다. 여성의 승리는 직장에서 증가하는 여성의 숫자와 불만에 대한 응답이었다. 자본주의는 노동력 공급을 늘려야 할 필요를 채우기 위해 임금노동자 간 경쟁을 강화하고 노동자계급이 성취한 역사적 성과를 공격했다. 자본가들은 그들이 언제나 써먹는 똑같은 수법을 사용했다. 임금을 낮추고 성별과 법적 지위 등에 따라 노동자를 갈라놓기 위해 '산업예비군'을 늘리는 것 말이다.

1980년대 후반과 1990년대는 오랜 공동 투쟁의 역사를 가진 노동자계급과 사회운동 사이에 분리가 두드러졌다. 페미니즘은 여성에게 불행과 폭력을 강요하는 자본주의에 맞서서 투쟁하기를 포기했다. 다른 한편, 혁명적 시야도 잃어버리고 그들 자신의 지도부가 배신하면서 노동자계급은 협소하게 규정된 경제투쟁에 묶여버렸다. 이 수십 년간의 보수주의 회복기 동안 해방을 갈망했던 여성들은 따라할 만한 본보기가 없었다. 이른바 '현실 사회주의', 즉 전혀 사회주의가 아니었던 스탈린주의 관료적 노동자국가는 여성에게 결코 해방을 뜻하지 않았기 때문에, 많은 이들이 사회주의는 여성해방으로 가는 길이 아니라고 믿게 했다. 기존 체제에 반대하려는 그 어떤 시도든 전례 없는 괴물 같은 형태의 지배와 배제를 만들어낼 거라는 생각이 번져나갔다. 스탈린 체제는 가족 질서를 재확립하고 아내와 어머니로서 여성의 역할을 장려했다. 임신중지권은 박탈됐다. 성매매는 차르 시대에 그랬던 것처럼 범죄화됐다. 스탈린 체제는 공공빨래방·구내식당·공동주택을 대폭 줄이거나 아예 없애버렸다. 또한 당내 모든 여성 조직을 파괴했다. 이런 사례는 스탈린주의 관료 집단이 이후 파괴한 1917년 러시아혁명의 성과 중 작은 일부에 지나지 않는다.

　퇴보한 노동자국가들이 관료화되고 최종적으로 패배함으로써 자본주의는 무적이라는 생각이 커졌고, 착취당하고 억압받는 사람들의 처지를 급진적으로 변혁하자고 요구하는 전략은 그것이 무엇이든 유토피아 같은 생각으로 치부됐다. 우리는 20세기 동안 쟁취한 권리들이 (비록 소수만 온전히 누리고, 폐기될 위험에 항상 처해 있지만) 어느 정도 승리를 의미한다는 걸 부인할 수 없다. 그렇지만 그것은 신자유주의라는 형태로 더 깊고 근본적인 패배를 공고히 하는 역할을 했다. 대중이 더 이상 급진적인 변혁을 상상하지 못하게 되면서, 해방이라는 발상은 버려졌고 진보적 개혁과 권리 증진이라는 전략으로 교체됐다. 체제 '내부에서' 변화를 일으킨다는 완전히 터무니없는 전략이 조장됐다. 진짜 유토피아 같은 발상이었다. 자본주의에 대한 급진적인 비판 대신, 대중의 고통을 덜기 위해 내놓을 게 거의 또는 전혀 없는 볼품없는 자본이 민주주의 내에서 시민권을 확장하자는 요구가 제기됐다. 사회운동이 이런 방향을 선택한 이유는 문화적·사회적·도덕적 질서, 그리고 그 바탕에 있는 자본주의 생산 관계라는 경제적 착취체제가 서로 무관하다고 여겼기 때문이다. 이 체제는 1970년대 운동의 패배와 구소련의 몰락 이후 도전받지 않은 채 그대로 있었다.

　이 때문에 '민주주의 국가'라는 범위에서 권리를 추구하는 페미니즘이 생겨났다. 이런 종류의 페미니즘이 수십 년간 신자유주의 시기에 지배 흐름이 됐다. '민주주의 국가'는 중립적이지 않다. 그 자체가 자본주의적이고, 폭력을 이용해 자본가의 이익을 보장한다. '민주주의 국가'

는 기생하는 한 줌의 지배계급이 수많은 인간을 착취할 수 있도록 보장한다. 그것은 사유재산 보호에 기반을 두고 있으며, 착취당하는 사람들에게 폭력을 휘둘 권리를 독점한다.

이 시대에 우리는 부부강간이 배우자의 권리가 아니라 폭력이라는 점, 성적 학대는 문화 관습이 아니라 폭력이라는 점, 거리에서 벌어지는 괴롭힘은 사소한 모욕이 아닌 폭력임을 법적으로 인정받아냈다. 그것이 여성을 향한 폭력이라는 사실을 국가가 인정하라고 요구하는 과정에서, 역설적으로 투쟁 목표와 반대되는 결과가 얻어졌다. 여성이 이전에는 존재하지 않았던 권리를 가지게 됐고 가부장적 억압에 짓눌리는 여성의 고통이 더 잘 드러나게 됐지만, 가부장적 폭력은 개인의 문제로 취급될 뿐 아니라 부르주아 형법이 요구하는 대로 개인의 범죄로 처벌될 뿐이다.

여성 억압이 자연스러운 게 아니라는 점을 밝히기 위해, 계급사회에서 성차별이 구조 문제라는 걸 보여주기 위해, 그리고 우리의 삶과 대인관계에 가부장제가 스며들어 있다는 사실을 드러내기 위해 수십 년을 투쟁했는데, 어떤 개인들의 가장 극단적이고 폭력적이며 치명적이기까지 한 행동만 부각됐다. 국가기구와 제도를 포함해 자본주의적이고 가부장적인 사회 자체는 오명을 쓰지 않은 채 모든 책임에서 벗어났다. 이것은 마치 가부장적 자본주의가 여성에게 이렇게 말하는 것과 같다. "자본가 민주주의는 이미 법 앞의 평등을 당신에게 허용했다. 해방은 당신 스스로 책임져야 할 개인 문제야."

보수 우파는 능력주의, 권한 강화, 평등한 기회라는 자유주의 개

넘에 기반한 그들만의 '페미니즘'도 만들어냈다. 이방카조차 여성이 직장에서 최고 지위로 올라설 수 있도록 힘을 실어주겠다며 "여성을 위해 더 나은 시스템으로 바꾸는 데 도움을 주고 싶다"고 말한다. 이것은 자유주의 페미니즘이 수년간 사용해온 전략이다. 요컨대 자유주의 페미니즘은 자기 논리에 발목이 잡힌 나머지 우파의 공격에 맞서지도 못한다.

그러나 최근 전 세계에서 나타난 여성 투쟁과 트럼프의 집권에서 볼 수 있듯이, 힐러리와 민주당이 연계된 '기업 페미니즘'은 위기에 처해 있다. 선택된 소수만 대변하는 게 아니라 압도 다수 여성의 요구를 채택하는, 대중 정치운동이 되려는 페미니즘이 우리에게 필요하다. 민주적 권리를 이 착취 체제에 대한 규탄으로, 다수의 고통에 대한 고발로 이어가는 페미니즘, 이 체제의 타도를 목표로 삼는 페미니즘만이 진정으로 해방적일 수 있다.

개혁과 처벌: 반동적 유토피아

✂ ✂ ✂

마침내 우리는 형법을 포함한 모든 제도를 갖춘 정치체제가 우리를 성차별 희생자로 인정하도록 만들었다. 여성은 여전히 젠더 폭력, 인신매매 조직에 의한 납치, 괴롭힘과 성적 학대, 그리고 거리·학교·사무실·교회·가정에서 벌어지는 강간의 희생자다. 우리는 버티기 어렵고 우리의 건강과 삶을 파괴하는 착취의 희생자다. 우리는 전쟁이 초래하는 희생자이며, 여성 살해의 희생자다.

가부장제는 우리가 무력한 희생자이고, 우리 스스로 그걸 받아들여야 한다고 주장한다. 우리는 성차별과 성폭력의 피해자이며, 국가는 법원·경찰서 등에서 우리를 더 희생시킨다. 국가권력은 우리가 억압의 근간을 근본적으로 변혁할 힘이 없다고 믿기를 원한다. 그들은 국가가 폭력 가해자에게 개별적인 처벌을 가하는 것으로 우리의 요구가 제한되기를, 그럼으로써 우리의 종속 상태를 정당화하고 유지하는 똑같은 제도에 순응하기를 원한다. 이를 달성하려면 여러 세대에 걸친 여성 투쟁의 흔적을 지워야 한다. 여기서는 남성들에게 억울한 감정을 불어넣고, 자본에 억압받으며 착취당하는 여성들과의 연대의 끈을 자르는 방식이 요구된다. 처벌과 개혁의 전략을 선택하려면 우리는 여성 대부분이 처해 있는 끔찍한 상황을 무시해야 하며, 따라서 역사를 관통하는 여성 투쟁 결의의 원천을 제쳐놓아야 한다.

빵과장미 여성들은 가부장제가 바라는 무력한 희생자가 되기를 거부한다. 우리를 '희생'시키는 현실은 억압적인 사회질서에 대한 증오를 불러일으키는 원천이기도 하고, 전 세계 수많은 사람과 연대해 행동하도록 강력한 신념을 끌어내는 원동력이기도 하다. 역사를 통틀어 노예가 된 남성과 여성의 반란을 추동한 건 언제나 불꽃처럼 피어오른 사회적 증오였다. 19세기 말 공산주의자 루이즈 미셸은 이렇게 말했다. "여성들이 역겨움을 느낄 때, 그들을 둘러싸고 있는 모든 것에 넌더리날 때, 그리고 낡은 세계에 저항해 반란을 일으킬 때 그들을 조심하라. 그날 새로운 세상이 탄생하리라." 우리, 빵과장미 여성들은 이 새로운 세상을 위해, 오늘날 모든 인류를 짓누르고 여성을 두 배의 무게로 짓누르는 족쇄에서 벗어나기 위해 투쟁한다.

우리는 부탁하지 않는다, 우리는 빵과 장미의 권리를 요구한다

✕ ✕ ✕

빵과장미는 아르헨티나·브라질·칠레·우루과이·볼리비아·멕시코·스페인 여성들로 구성된 국제단체다[여기에 더해 프랑스·미국·페루·독일·이탈리아·코스타리카·베네수엘라에서 빵과장미가 만들어졌다]. 우리는 독립적인 여성 노동자, 학생과 함께하는 '제4인터내셔널 트로츠키주의분파'[3]의 투사들이며, 1914년에 "페미니스트가 아닌 사회주의자는 시각이 좁고, 사회주의자가 아닌 페미니스트에게는 전략이 결여돼 있다"고 말한 미국 사회주의자 루이스 니랜드의 견해를 공유한다. 다시 말해 우리는 이 착취체제를 끝장내는 사회혁명을 통해서만 여성해방의 토대를 확립할 수 있다고 여긴다. 이제 우리는 빵과장미의 몇 가지 핵심 주장을 제시하겠다.

단 한 명도 잃을 수 없다

✕ ✕ ✕

빵과장미의 여성들은 민주적 권리와 여성해방을 위한 투쟁의 최전선에 있다. 우리는 지배계급의 통치를 관철하고 그 대리인을 노동자계급 속에 심어 넣는 기구에 의해 노동자들 사이에 스며든 성차별적 편견에 맞서 투쟁한다.

좌파를 자임하는 다른 경향과 달리, 우리는 '혁명 이후', 혹은 '권력을 쟁취한 이후'로 우리의 권리를 위한 투쟁을 미뤄야 한다고 여기지 않는다. 스탈린주의와 다양한 포퓰리즘 경향이 그런 식으로 주장한다. 그러나 착취도 억압도 없는 체제를 위해 싸우면서도, 현 체제에서 가능한 최상의 조건과 기본적인 민주적 권리를 추구하면서 여성에 의한, 여성을 위한 투쟁을 밀고가는 건 물러설 수 없는 우리 의무다.

우리의 일상적인 정치실천은 이렇다. 아르헨티나에서 우리는 다른 트로츠키주의 정당들과 함께 '좌파노동자전선'을 결성했다. 그곳에서 우리 동지들은 그들의 직책을 이용해 호민관 역할을 하고 여성 권리를 위한 투쟁을 지지하면서, 국회와 다양한 소규모 입법기관에서 그들이 수행한 역할을 인정받았다. 그들은 여성 권리를 지지하는 시위와 운동에 참여할 뿐만 아니라, 남녀 간 동일 임금 지급 법률, 가정폭력을 겪는 여성을 위한 긴급대책을 담은 법률을 제안한다.

또한 우리는 독자적인 여성 조직이 노동자계급이 단결하는 것을 '위협'한다고 주장하는 단체들에 반대하는 목소리를 냈다. 오히려 우리는 여성이 다른 노동자에게 모욕당하고, 강간당하거나 차별받을 때 노동자계급이 더욱 약해진다고 믿는다. 여성 노동자들이 자기 권리를 위한 투쟁을 스스로 거머쥘 때, 전체 노동자계급은 착취자에 대항하는 더 강력한 위치에 서게 된다. 우리를 분열시키는 건 성차별에 대한 우리의 투쟁이 아니다. 지배계급이 여성 혐오, 성차별, 동성애 혐오, 외국인 혐오, 인종차별, 민족주의적 편견을 조장하며 우리를 분열시킨다.

여성, 특히 소녀와 젊은 여성에게 폭력이 가해지는 비율이 터무니

없이 높다. 여성 사망의 주요 원인 중 하나인 여성 살해 외에도 정신적 폭력, 육체적 폭력, 직장 내 폭력, 성폭력이 여기에 포함된다. 이런 범죄 대부분에서 가해자는 피해자와 가까운 남자다. 이것은 여성에 대한 폭력의 기나긴 사슬 맨 끝에 자리한 치명적인 고리다. 이런 폭력은 자본주의 국가와 지배체제의 제도를 통해 정당화되고 재생산되고 당연시되는 가부장사회에 뿌리를 둔다.

그러므로 우리는 더 이상 여성을 향한 폭력은 안 된다고 말한다! 단 한 명도 잃을 수 없다! 우리는 살고 싶다! 우리는 피해자를 위한 안전한 주거지, 일을 못 하는 동안 유급휴가, 실직 여성의 가족 생활비를 지원하는 보조금, 주택임대를 위한 무이자 대출 기회 등 성폭력 피해를 줄이고 여성 살해를 방지하는 데 필수적인 모든 조치를 정부가 이행하라고 요구한다.

우리는 이렇게 말한다. "만약 그들이 한 명이라도 괴롭힌다면, 우리는 수천을 조직할 것이다." 그래서 우리는 모든 직장·학교·지역에서 여성위원회 건설을 추진한다. 이 위원회에서 여성들은 특정한 요구를 중심으로 조직할 수 있을 뿐만 아니라, 더 나은 노동조건을 위해 싸울 수 있다. 이 위원회는 남성 노동자와의 단결을 대신하는 게 목표가 아니다. 우리는 여성의 권리를 위해 싸우는 노동자계급 정치를 건설한다. 우리는 국가와 자본가 정당에 의존하지 않는 여성운동을 발전시키려 한다. 이것이 여성들이 성차별적 폭력에 맞서고 그것을 멈출 수 있는 길이다.

자유롭고 안전한 임신중지권을 위해!

✖ ✖ ✖

많은 나라에서 여성은 언제 어떻게 엄마가 될 것인지 결정할 권리가 없다. 그러나 임신중지 금지는 임신중지가 일어나는 걸 막기보다 여성이 안전하지 않고 은밀한 환경에서 시술받도록 강제함으로써 가장 빈곤한 여성들을 죽음에 이르게 한다. 우리에게는 위생적인 환경에서 유능한 의료진의 시술로 이뤄지는 자유로운 임신중지의 권리가 없다. 피임조차 여전히 어렵다. 반면 우리 아이들은 사장들에게 '방해물'이다. 그들 중 절대다수는 보육시설을 제공하기는커녕, 더 많은 사회복지세 납부를 거부하며 임산부를 해고한다. 동시에 우리는 가족·국가·교회·교육기관으로부터 우리가 어머니가 아니라면 '진짜 여성'이 아니라는 말을 듣는다.

따라서 우리는 그들이 일하는 시간과 상관없이 모든 공장과 직장에서 일하는 가족에게 보육을 무상으로 제공하고 고용주와 국가가 그 비용을 부담하라고 요구한다. 우리는 임산부와 워킹맘의 완전한 권리를 요구한다. 우리는 임신을 피하기 위한 성교육과 피임, 그리고 죽지 않기 위해 안전하고 합법적인 무상 임신중지권을 걸고 투쟁한다. 또한 우리는 교회와 국가에서 완전한 분리를 위해 싸운다.

최전선의 노동자계급 여성

✖ ✖ ✖

노동력에서 여성 비율이 높아지면서 여성이 얼마나 억압받고 있는지 드러난다. 높은 수준의 불평등과 함께 가장 낮은 안전 기준과 급여가 제공되는 가장 불안정한 직업에 여성이 집중되기 때문이다. 여성 노동자는 남성보다 임금이 낮고, 노동조건은 더 나쁘며, 노동자의 권리를 위해 싸우는 노조에서조차 종종 배제된 탓에 세계 노동자계급 내에서 가장 심하게 착취당하는 위치에 속한다. 이들 여성 중 다수에게 착취는 성폭력이나 직장 내 괴롭힘과 나란히 발생한다. 우리는 전적으로 여성이라는 이유로 일자리를 구할 동등한 기회를 얻지 못하며, 더 나은 지위로 승진하지도 못한다. 차별은 우리가 직장에 들어가는 순간부터 시작된다. 직업을 얻는 데에서 남성은 그들의 능력과 경험으로 평가받는 반면, 여성은 외모와 더불어 자녀가 있는지 혹은 자녀를 낳으려 하는지에 따라 평가받는다(자녀가 있다면 그 사실을 숨겨야 할 때가 많다). 왕따로까지 이어지는 모욕적인 괴롭힘에 굴복하는 걸 거부했다는 이유로 해고되기도 한다.

　이주여성은 이런 억압을 두 배로 겪는다. 미국과 유럽에서 라틴 아메리카·아프리카·아시아·동유럽 출신 이주여성이 제한적인 이민법, 추방, 정치적 박해, 착취의 결과로 부당하게 고통받는 동안 극우파는 인종차별과 외국인 혐오를 조장한다. 흑인과 원주민 여성은 가장 착취당하고 억압받는 사람에 속한다. 성전환 여성과 이성애자가 아닌 여성은 차별 금지법, 평등한 결혼 및 성 정체성에 관한 법률이 통과된 국가에서조차 취업 차별, 정치적 박해 및 제도적·사회적 배제를 겪는다. 법 앞의 평등이 실제 삶에서의 평등을 의미하지는 않는다.

　우리는 불안정 노동 종식, 모든 노동자의 고용 보장과 안정을 위해 싸운다. 우리는 동등한 노동, 즉 동등한 조건·동등한 권리·동등한 임금·동등한 훈련 및 고용 기회를 위해 투쟁한다. 더 나아가 임금삭감 없이 취업자와 실업자 사이에 노동시간을 분배할 것을 요구한다. 우리는 직장과 노조에서 여성의 권리를 지키기 위한 위원회를 만들기 위해 투쟁한다. 우리는 충분히 오랫동안 차별받아 왔다.

여성을 임금노동에 투입하는 자본주의 구조는 가정에서 이뤄지는 무급 노동의 책무를 제거하지 않으며, 여성의 노동시간을 두 배로 늘린다. 선진 자본주의 국가와 주요 도시에서는 가사 노동자를 고용하는 경향이 증가하고 있지만(이 중 대부분은 흑인과 라틴 아메리카 여성이 다수다), 이것은 단지 또 다른 노동자 가족으로 일을 이전한 것일 뿐이다.

전 지구적 차원에서 가사노동은 사라지지 않고 있다. 극빈층과 농촌 지역, 그리고 덜 발전한 나라들에서 가사노동은 전적으로 여성과 아이에게 전가된다. 이것은 정확히 무급 가사노동이 의복과 음식 등 매일의 노동력 재생산 비용을 노동자에게 지급해야 할 책임을 자본가에게서 덜어주며, 이로써 자본가는 더 많은 이윤을 얻을 수 있기 때문이다. 마찬가지로 자본은 실업자·어린이·노인 등 가사노동에 종사하는 '비생산적인' 무급 노동자를 유지함으로써 이익을 얻는다. 집안일을 여성의 '당연한' 책임으로 간주하는 관습적인 가부장 문화를 장려하고 유지함으로써 무급 여성 노동에 대한 자본가들의 강탈이 가능해지며, 더 나아가 집안일을 눈에 보이지 않는 것으로 남게 한다.

가부장적 억압은 고대부터 존재해왔지만, 자본주의는 가부장제의 존립뿐만 아니라 여성 억압을 강화하는 데 이상적인 조건을 제공해왔다. 역설적으로 이는 가정 밖에서 일하도록 강요받는 수많은 여성으로 노동자계급 규모를 늘린다. 자본주의의 무덤을 파는 자들이 늘어나도록 재촉하는 셈이다. 인류의 압도 다수가 착취당하는 계급에 속하며 억압은 여성에 대한 자본주의적 착취를 더욱 심화한다는 점을 고려하지 않은 채 젠더 억압을 다룰 수는 없다.

빵과장미 회원들은 자본가들이 빼앗아간 부를 생산하는 노동자들이 이 착취와 억압의 체제를 끝장낼 힘이 있다고 여긴다. 노동자계급은 피부색·성 정체성·젠더·민족성 등을 근거로 그들을 억압하는 예속의 멍에에서 자신을 해방하려는 모든 이들과 함께, 그리고 그들을 위해 투쟁해야 한다. 모든 사회적 부를 생산하는 사람들이 주도하는 이 동맹은 자본주의에 진정으로 치명적인 타격을 가할 수 있다. 정부에 맞서면서 우리는 고용주의 이익을 대변하고 우리의 노동력을 착취해 먹고사는 '진보 세력'이 이끄는 '야권 연대'를 신뢰하기 어렵다.

이것이 우리가 자본가계급과 그들의 이익을 대변하는 자본주의 국가 및 정당, 그리고 노동자와 노동자투쟁을 거듭 배반하는 노동자계급의 관료적 대표들과 단절해야 한다고 주장하는 이유다. 우리는 노동자계급의 독립을 호소하며 이를 위해 필요한 모든 조치를 장려한다.

여성해방을 위한 우리의 투쟁은 전 세계 모든 나라에서 노동자계급의 혁명 정당을 건설하기 위한 투쟁과 함께한다. 이 투쟁을 위해서는 자본주의와 모든 형태의 착취와 억압을 끝장내기 위해 투쟁하는 노동자 정부를 수립함으로써 사회주의혁명으로 안내하는 노동자계급의 반자본주의 혁명 강령이 필요하다.

- 억압받고 착취당하는 모든 이들의 평등을 위해 싸우며, 사회혁명으로 전진하는 여성해방 투쟁 만세!

 - 오늘날 우리를 짓누르는 사슬에서 여성과 인류 전체의 궁극적인 해방의 토대를 마련할 사회혁명 만세!

 - 여성들의 빵과장미 국제조직을 함께 건설하자!

—

빵과장미 글 · 전해성 옮김
Pan y Rosas, "Bread and Roses: International Manifesto"
2017년 3월 1일 《일간 좌파》에 스페인어로 발표되고
2017년 6월 22일 《레프트 보이스》에 영어로 게재됨.

2장. 멀리 내다보며 전진하기

1   Bárbara Funes, "Rojas," in *Luchadoras. Historias de Mujeres Que Hicieron Historia, comp. Andrea D'Atri*(Buenos Aires: IPS Editions, 2006).

2   Leon Trotsky, "Five Days," in *History of the Russian Revolution*, vol. 1, trans. Max Eastman(1932).

3   V. I. Lenin, "To the Working Women," in *Lenin: Collected Works, 4th English Ed., vol. 30, trans. George Hanna*(Moscow: Progress Publishers, 1965), 371-372, previously published in Pravda(February 22, 1920).

4   Wendy Z. Goldman, *Women, the State and Revolution: Soviet Family Policy and Social Life, 1917-1936*(Boston: Cambridge University Press, 1993).

5   Lenin, ibid.

6   Edson Urbano, "The Moscow Thermidor: Stalinist Degeneration and the Lessons for Today", *Left Voice*, April 16, 2018.

7   Leon Trotsky, "Letter addressed to a meeting of working women in Moscow", *Pravda*, November 28, 1923.

3장. 여성해방의 전략을 위한 토론

1   신자유주의 시기의 페미니즘 운동에 대한 분석으로는 이 책에 실린 다트리와 라우라 리프의 〈전 지구적인 위기와 여성해방: 낡은 질서를 무너뜨리고 새로운 질서를 세우자〉를 보시오.

2   3·8 여성 파업으로, 노동조합의 광범한 지지를 끌어낸 스페인은 예외다.

3   Wendy Goldman, *Women, the State and Revolution: Soviet Family Policy and Social Life*(Cambridge: Cambridge University Press, 1993).

4   Lise Vogel, "Questions on the Woman Question," *Monthly Review* 31, no. 2(June 1979).

5   Silvia Federici, *El patriarcado del salario, our translation*(Madrid: Traficantes de Sueños, 2018): 19. (PDF available at traficantes.net.)

6   Karl Marx, "The Process of Production of Capital," in *Marx/Engels Collected Works*, vol. 34(New York: International Publishers, 1994): 483-84.

7   Daniel Bensaïd, "El sexo de las clases," in *La discordancia de los tiempos*, our translation, p. 137.

8   Tithi Bhattacharya, "Mapping Social Reproduction Theory," *Social Reproduction Theory*(London: Pluto Press, 2017): p. 2.

9   바타차리야는 앞의 책에서 사회적 재생산 이론의 관점으로 이 논쟁에 대한 흥미로운 논평을 제시한다.

10   Bensaïd, "El sexo de las clases," p. 131.

11   Ibid., p. 132.

12 Silvia Federici, "Capital and Gender," in *Reading 'Capital' Today, ed. Ingo Schmidt and Carlo Fanelli* (London: Pluto Press, 2017).

13 Tithi Bhattacharya, "How Not To Skip Class: Social Reproduction of Labor and the Global Working Class," *Viewpoint Magazine*, October 31, 2015.

14 Susan Ferguson and David McNally, "Capital, Labour-Power and Gender Relations," *introduction to Marxism and the Oppression of Women, Lise Vogel*(Leiden: Brill, 2013), xxiv.

15 Federici, *El patriarcado del salario*, our translation, p. 16.

16 Ibid.

17 Bhattacharya, "Social Reproduction."

18 Nancy Fraser, "Contradictions of Capital and Care," *New Left Review*, no. 100(July-August 2016).

19 Bensaïd, "El sexo de las clases," p. 129.

20 Bhattacharya, "Social Reproduction."

21 Sources: Participation of women(aged 15 to 64) in the labor force(Geneva: International Labor Organization); Percentage of total workforce(World Bank).

22 Engels, The Condition of the Working Class in England, "The Great Towns."

23 Engels, *The Condition of the Working Class in England*, "Results."

24 Engels, *The Condition of the Working Class in England*, "Single Branches of Industry: Factory Hands."

25 Ibid.

26 Engels, *Socialism: Utopian and Scientific*, 1880.

27 Andrea D'Atri, "Flora Tristán: el martillo y la rosa" [Flora Tristán: The Hammer and the Rose], La Izquierda Diario, March 4, 2019.

28 베벨의 책 ≪여성과 사회주의≫는 사회주의자 탄압법의 검열 아래 라이프치히에서 비밀리에 인쇄돼 몇 년간 비합법적으로 유통됐다. 이 책은 1895년까지 독일에서 25차례 인쇄됐고, 이어 영어·프랑스어·러시아어·이탈리아어·스웨덴어·덴마크어·폴란드어·플랑드르어·그리스어·불가리아어·루마니아어·헝가리어·체코어로도 출판됐다. 이 책은 분명히 상당한 영향을 미쳤다.

29 Engels, *The Origins of the Family, Private Property, and the State*, chap. II, "The Family," part 3, "The Pairing Family."

30 Engels, ibid., Preface to the First Edition.

31 벨포트 백스는 [존 스튜어트 밀이 쓴] ≪여성의 종속≫(1869)을 두고 여성운동에 맞선 모든 종류의 주장이 담긴 ≪남성의 법적 종속≫(1908)이라는 자극적 제목의 책을 썼다. 여성들은 결혼을 통해 '특권'을 누리는 사람들이라고 주장하면서 말이다.

32 Eleanor Marx-Aveling, "The Proletarian in the Home"(1896).

33 Shulamith Firestone, *The Dialectic of Sex: The Case for Feminist Revolution*(New York: Morrow, 1970).

34 Lise Vogel, Marxism and the Oppression of Women: Toward a Unitary Theory#(New Brunswick, NJ: Rutgers University Press, 1983).

35   Susan Ferguson, *Women and Work: Feminism, Labour, and Social Reproduction*(London: Pluto Press, 2019).

36   Ariane Díaz, "El marxismo y la opresión de la mujer" [Marxism and the Oppression of Women], Ideas de Izquierda, April 28, 2017.

37   Andrea D'Atri and Celeste Murillo, "Nosotras, el proletariado" [We, the Proletariat], Ideas de Izquierda, July 22, 2018; Ariane Díaz, "Economía política de la reproducción social I: trabajo y capital" [Political Economy of Social Reproduction I: Labor and Capital], Contrapunt, July 14, 2019; Paula Varela, "Existe un feminismo socialista en la actualidad?: Apuntes sobre el movimiento de mujeres, la clase trabajadora y el marxismo hoy" [Is There a Socialist Feminism at Present?: Notes on the Women's Movement, the Working Class, and Marxism Today], Theomai Journal 39, no. 1 (2019).

38   Josefina L. Martínez and Cynthia Luz Burgueño, *Patriarcado y capitalismo. Feminismo, clase y diversidad*(Tres Cantos, Spain: Akal, 2019).

39   Engels, *Letter to Guillaume-Schack*, c. July 5, 1885.

40   Engels, *The Origins of the Family, Private Property, and the State, chap. II*, "The Family," part 4, "The Monogamous Family."

41   Susan Ferguson, *Women and Work: Feminism, Labour, and Social Reproduction*(Pluto Press, 2019).

42   Silvia Federici, "Social Reproduction Theory: History, Issues and Present Challenges," *Radical Philosophy*, no. 2.04, series 2(Spring 2019).

43   Alessandra Mezzadri, "On the Value of Social Reproduction: Informal Labour, the Majority World and the Need for Inclusive Theories and Politics," *Radical Philosophy*, no. 2.04, series 2(Spring 2019).

44   친지아 아루짜, 티티 바타차리야, 수잔 퍼거슨 등의 주장은 다음의 책에 실려 있다. Tithi Bhattacharya, ed., *Social Theory Reproduction: Remapping Class, Recentering Oppression*(London: Pluto Press, 2017).

45   이 운동은 여러 페미니스트와 함께 마리아로사 달라 코스타, 실비아 페데리치, 셀마 제임스 가 이끌었으며, 이탈리아 자율주의가 발전시킨 개념에 이론적 기반을 두고 있다.

46   Paula Varela, "La reproducción social en disputa: un debate entre autonomistas y marxistas," *Revista ARCHIVOS de historia del movimiento obrero y la izquierda 8*, no. 16(March–August 2020): p. 71~92.

47   Lise Vogel, *Marxism and the Oppression of Women*(New Brunswick, NJ: Rutgers University Press, 1983). 2013년에 헤이마켓북스에서 역사 유물론 문고 시리즈로 이 책을 재출간했다.

48   "계속하기에 앞서, 여성 억압 문제를 종합적으로 다룰 때 포함해야 할 항목을 고려하는 게 중 요하다. 첫째, 여성해방과 모든 인간의 실질적인 사회적 평등에 대한 확고한 지향에서 출발 해야 한다. 둘째, 여성의 현 상황을 구체적으로 분석해야 하며, 그 현 상황이 어떻게 조성됐는 지 연구해야 한다. 셋째, 사회에서 여성의 지위를 다루는 이론을 제시해야 한다. 즉 여성의 지 위를 '역사적'으로 조망하는 것과 더불어 '이론'을 가져야 한다는 것이다. 넷째, 여성의 상황 에 대한 종합적인 논의는, 과거와 현재의 사회에서 여성의 종속을 다루는 이론과 역사에서 일관되게 뻗어 나온 미래 사회 여성해방이라는 시각으로 뒷받침돼야 한다. 마지막으로, 이론

바 여성 문제를 제기하는 건 당연하게도 실천적인 강령과 전략에서 해답을 요구하는 것이기도 하다. 마르크스와 엥겔스는 자신들의 작업에서, 적어도 부분적으로나마 이런 지점을 다룬다." 앞의 책.

49 이에 관해서는 다음을 참조하라. Ariane Díaz, "Economía política de la reproducción social I: trabajo y capital," *Ideas de Izquierda*, July 14, 2019; Ariane Díaz, "Economía política de la reproducción social II: patriarcado y capitalismo," *Ideas de Izquierda*, July 21, 2019.

50 이 점에서 리즈 보걸은 친지아 아루짜, 티티 바타차리야와 입장이 다르다. 예컨대 다음을 보라. Cinzia Arruzza, *Dangerous Liaisons: The Marriages and Divorces of Marxism and Feminism*(London: Merlin Press, 2013). 이 책에서 아루짜는 플로라 트리스탄, 마르크스와 엥겔스, 체트킨, 콜론타이, 그리고 이후 스탈린 관료체제에서 이뤄진 후퇴와는 구별되는 것으로서 러시아혁명에서 볼셰비키의 해방을 향한 강령 등의 기여를 검토한다.

51 퍼거슨은 사회적 재생산 페미니즘을 사회주의 페미니즘의 한 부류로 간주하면서도, 이들을 서로 다른 두 개의 궤적으로 다루는 경향이 있다.

52 William Thompson, and Anna Wheeler, Appeal of One Half of the Human Race, Women, against the Pretensions of the Other Half, Men, to Retain Them in Political and Thence in Civil and Domestic Slavery.

53 Josefina L. Martínez, "Engels, Working Women, and Socialist Feminism," *Left Voice*, November 28, 2020.

54 게다가 노동자계급 내의 성차별에 문제 제기했을 뿐 아니라 계급과 젠더의 관계를 사고하는 데 중요한 공헌을 한 트리스탄에 대한 태도는 다소 부당하다. 비록 그가 유토피아 사회주의와 과학적 사회주의 사이에서 과도적 위치에 있었을지라도 말이다.

55 Friedrich Engels, *The Origin of the Family*, Private Property and the State.

56 Wendy Goldman, *The State and Revolution*(Cambridge: Cambridge University Press, 1993), p. 3.

57 같은 책.

58 같은 책.

59 Leon Trotsky, "From the Old Family to the New," 1923.

60 벤스턴은 가사노동이 교환가치가 아니라 가정에서 직접 소비하는 사용가치를 생산하기 때문에 마르크스주의적인 의미에서 생산적이지 않다고 주장한다. 그가 보기에 이것은 자본주의에 필수적이기는 하지만, 전 자본주의(pre-capitalist) 노동이다.

61 Cinzia Arruzza and Tithi Bhattacharya, "Teoría de la Reproducción Social: Elementos fundamentales para un feminismo marxista," *Revista Archivos de historia del movimiento obrero y la izquierda 7*, no. 16(March–August 2020) p. 48.

62 Andrea D'Atri and Celeste Murillo, "Producing and Reproducing: Capitalism's Dual Oppression of Women," *Left Voice*, no. 4(February 2019).

63 마르크스의 용어에서 노동이 생산적이라거나 비생산적이라는 정의는 마치 어느 한쪽이 더 '값진' 것이라거나 더 '중요한' 것이라는 도덕적 의미를 갖지 않는다는 점을 분명히 할 필요가

있다. 이 정의는 노동이 시장에 팔리기 위한 상품을 생산하는가, 따라서 직접적으로 잉여가
치를 생산하는가를 다루는 것과 연관된다.

64 이탈리아 자율주의자들은 '사회적 공장'이라는 개념을 이탈리아 오페라이스모(operaismo: 노
동자주의)와 마리오 트론티의 저작들에서 빌려왔다.

65 Paula Varela, "La reproducción social en disputa".

66 마르크스의 저작에서 이 구분은 다른 형태의 임금노동을 가리킨다.

67 Matías Maiello and Emilio Albamonte, "Trotsky, Gramsci, and the Emergence of the Working Class
as Hegemonic Subject," *Left Voice*, March 13, 2021.

68 혁명전략에 관한 논쟁을 더 깊게 보려면 다음을 참조. Emilio Albamonte and Matías Maiello,
Estrategia socialista y arte militar(Buenos Aires: Ediciones IPS, 2019). 곧 영어판이 출간될 예정이다.

69 Silvia Federici, *Revolution at Point Zero*(Oakland, CA: PM Press, 2012).

70 Josefina L. Martínez, "Patriarcado, acumulación de capital y desposesión," *Contrapunto*, May 7, 2022.

71 미국의 역사가이자 E. P. 톰슨의 제자인 라인보우는 페데리치, 조지 카펜치스와 함께 미드나
잇 노트 콜렉티브(Midnight Notes Collective)의 구성원이다. 이 모임은 '역사적 공유재'를 연구
하기 위해 만들어졌다.

72 Silvia Federici, *Re-enchanting the World: Feminism and the Politics of the Commons*(Oakland: PM Press,
2018).

73 페데리치에 따르면, 이탈리아 자율주의자들은 마르크스의 《그룬트리세[정치경제학 비판
요강]》에 과도하게 '매혹'돼 있다.

74 최초로 탈성장에 대한 체계적인 설명을 내놓은 사람으로는 프랑스의 세르주 라투슈가 있다.
스페인에서는 카를로스 타이보가 탈성장을 옹호하는 주요 인물이다.

75 Andrea D'Atri, "El capital nos empuja a la lucha por la subsistencia, pero no puede ser el horizonte
estratégico de nuestro feminismo," *La Izquierda Diario*, November 13, 2021.

76 Friedrich Engels, *The Peasant War in Germany*, 1850.

빵과장미 국제 선언문

1 우리가 주로 서구사회를 논하는 것은 역사적 전개 과정에 차이가 있는 아시아와 아프리카 국
가까지 논의를 일반화하지 않기 위함이다. 빵과장미의 경험은 라틴 아메리카 · 유럽 · 미국
을 중심으로 한다.

2 이 점에서 우리는 래디컬 페미니즘 경향과 큰 차이가 있다. 그들 대다수는 여성해방을 남성
으로부터 여성이 해방되는 것으로 간주한다. 따라서 이 시기에는 여성 억압의 근간이 여성의
재생산 능력을 수탈하는 데 있는지, 모든 사회계급 남성이 여성의 사랑과 애정을 포함한 비
임금 노동을 착취하고 그 노동의 산물을 수탈하는지 등에 대한 논쟁이 촉발됐다. 이 논쟁에
서 마르크스와 엥겔스의 역사 유물론적 방법을 활용한 사회주의 페미니스트들은 가사노동
이 노동력을 공짜로 재생산하는 데 핵심 역할을 하는 자본주의적 생산과 가부장적 억압 사이
에 오늘날 존재하는 뗄 수 없는 관계를 강조했다.

3　'트로츠키주의분파-제4인터내셔널'과 함께하는 조직은 다음과 같다. 독일의 혁명적국제주의
조직, 아르헨티나의 사회주의노동자당, 볼리비아의 혁명적노동자동맹, 브라질의 혁명적노동
자운동, 칠레의 혁명적노동자당, 스페인의 혁명적노동자경향, 미국의 레프트보이스, 프랑스
의 연속혁명, 멕시코의 사회주의노동자운동, 베네수엘라의 사회주의노동자동맹, 우루과이의
사회주의를향한노동자경향. 코스타리카의 혁명적사회주의조직, 페루의 사회주의노동자경
향, 이탈리아의 혁명적국제주의분파.

빵과장미의 도전

노동자의 이름으로 열어가는 혁명적 페미니즘

ⓒ 김요한, 양동민, 양준석, 오연홍, 전해성, 2023

발행일 초판 1쇄 2023년 3월 8일

엮은이 오연홍

옮긴이 김요한, 양동민, 양준석, 오연홍, 전해성

편집 윤현아, 김유민

디자인 이진미

펴낸이 김경미

펴낸곳 숨쉬는책공장

등록번호 제2018-000085호

주소 서울시 은평구 갈현로25길 5-10 A동 201호(03324)

전화 070-8833-3170 **팩스** 02-3144-3109

전자우편 sumbook2014@gmail.com

홈페이지 https://soombook.modoo.at

페이스북 /soombook2014 **트위터** @soombook **인스타그램** @soombook2014

값 15,500원 | ISBN 979-11-86452-90-5